自然農の果物づくり

川口由一 監修

三井和夫　勇惣浩生　延命寺鋭雄　柴田幸子

創森社

自然農への誘い ～監修にあたって～

川口 由一

大いなる自然に沿い従いつつ、適期に適切に手助けしてやる自然農の果樹畑は、人の気が通い、清々しくさわやかです。もたらされる恵みは色とりどりに美しく、姿形は絶妙で宿すいのちは十全にして味はなんとも美味、実りを手にしたときの喜びは深く、感謝の思いが静かに湧き出てきます。

宇宙自然界生命界に同じく生き死にするいのちでありながら、果実のいのち、野菜のいのち、米麦、諸々の雑穀のいのちを殺して食《は》み、我がいのちを養い、心身霊肉をつくってゆく食の営みは自ずからにして、尊い厳《おごそ》かなるいのちの世界の定めからの営みで、なんともありがたく「他に生かされて生きている……」「生きるに必要なものはこの生命界にすべてあり……」と足るを悟り知り、心平和となります。

いのちが織り成す宇宙生命界は不思議の極み、摩訶不思議にて常にシンプル。単純明快に実相実体を現し、真実を示しています。私達一人一人がそして人類全体がこの実相実体を観てとり、どこに生かされているかの真実を理解し悟ることができたならば、未だ貪りのなか目覚めず、刹那的な経済優先の物質文明、いのちを知らぬ科学文明をひた走り滅亡へと急ぐ私達人間、なお暗闇のなかで右往左往している不幸から脱出する道がみえてくるはずです。

自然がもたらす宝物でもある果実は又々格別であり、田畑で作業の合間に、日々の生活のひとときにその恵みを口にすれば、なんとも美味しくかむほどに味わい深く、人も果実も生きているゆえの妙味であり喜びで、ここにこの恵みを、喜びを我がものとし、明るい希望の明日への糧とする素晴らしい誘《いざな》い書を著してくれました。

持続、永続を可能にする真の農の道を悟って日々を生き、我が人生として田畑に立ち、果樹に向かい、健全に育つべく的確に手を貸し育んできた実践者の、育てることの楽しみと若木が育ち花咲き実を結ぶ姿の美しさ、偉大さに驚嘆した真摯な魂からの誘い書です。本書が真の喜びを求めてやまない多くの人々の手引きとなり、ふさふさといのち輝く玉の実を味わう幸せへと親切ていねいに道案内いたしてくれることと思います。

自然農の果樹が実を結ぶまで～序にかえて～

自然農とは、耕さず、肥料・農薬などを使用せず、草や虫などの生きものを敵としない、自然の理《ことわり》に沿った農の世界です。

１９７０年代半ば、川口由一さんが肥料や農薬を使う慣行栽培による農業を行うことで体調を崩してしまい、切羽詰まった状況から生まれてきたのが自然農です。本来のいのちの姿を悟り、先人の知恵や実践を通して、さらに理解を深めることで到達した自然農は、今日の人類が共有するべきものです。

人類は、これまで足もとにある本来の豊かさを捨て、問題が起これば外に、遠くに解決策を求めようとしてきました。その結果、様々な地球環境問題や社会問題が生じ、自らのいのちそのものを危機に陥れてしまっているように見えます。ますます混迷を深めていく人類ですが、足もとを見ずにはるか遠くばかり見ようとしていれば、それは当然とも言えます。

農業においても同じことが言えます。狩猟・採集から栽培生活を始めた人類は、あるときから収量や効率性を狙って土を耕し始め、耕し続け、土が痩せてくると他所から様々なものを持ち込むようになりました。人が土を耕すことは、そこにあった目に見えないような生きものたちの営みを失うことでもあり、その土地に積み重ねられてきた生きものたちの生死の巡り（歴史）を失うことでもあるのです。また、外から肥料や農薬を持ち込むことも同様であり、さらには限りあるエネルギーの浪費でもあります。

しかし、人類は耕し、持ち込んだことで生じる様々な問題を、さらに他所からものを持ち込むことで解決しようとした結果、食料の自給や食の安心・安全などの問題が生じ、作物そのものも本来の生命力を失い、味気なくなってしまっています。

もともと自然には、とくに足もとの土には、生きるために必要な全てが備わっているのです。自然の営みを無視して収量や効率性を前提とする農業から離れ、自然の営みに沿った栽培をすれば、人は健康にいのちを全うするために必要にして十分な収穫物を得ることができます。それは、後に問題をつくらない永続可能な栽培でもあるのです。

米づくりや野菜づくりでは、自然農の考えや取り組みが徐々に広がってきています。果物づくりも基本的には同じです。適したところに適した品種を植えれば、数年後には実を結んでくれるでしょう。それに加えて身近に果樹があることは、適期に収穫したおいしい果実を味わえるだけでなく、四季の巡りのなかで芽吹きや花を楽しむこともでき、なんとも豊かな境地に達します。

自然農によって果物づくりを行っている私は、農薬や化学肥料、堆肥に依ることなく自然の恵みをいただくために、生命の姿を見失わないようにしています。自然の中で育つ樹木を見れば、本来その場に何も加えなくても必要なものは揃っていて、健康に生命を全うできるものだとわかります。草木が生えていることは、太陽エネルギーをその場に貯えていることです。そして、草木が微生物や生物にいのちの場をつくっているのです。自然農で果樹を育てることを通じて、きっと皆さんも私と同じように、他の生命に支えられ、人も育てられていくものであることを理解し、なおかつ自然の巡りの美しさ、豊かさに包まれて生きていることに、日々気づかされることでしょう。

本書では、誰もが庭先や畑などで自然農による果物づくりが始められるよう、苗木の植えつけから果実の収穫・加工までのポイントについて、川口由一さんの教えを受けた自然農の実践者による取り組みをもとに詳しく解説しています。読者のみなさんのお役に立てれば幸いです。

おいしい果実がいただけますように

三井　和夫

自然農の果物づくり――もくじ

収穫したばかりのウメ

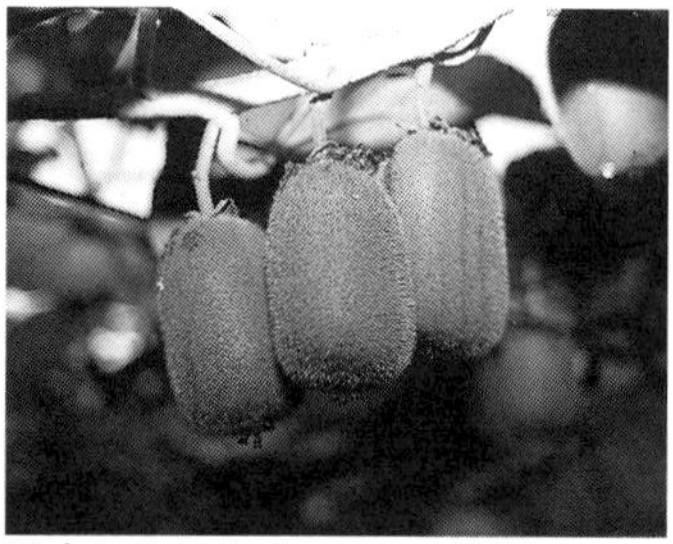

肥大したキウイフルーツ果実

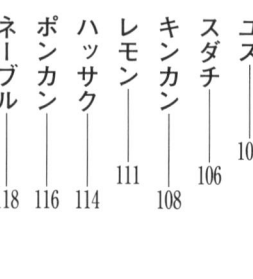

ユズの青玉果

・M E M O・

◆第１～２章の項目末に執筆者名を記しています。ごく一部の無記名の箇所は編集部、および執筆協力者がまとめたものです

◆第２章の本文、および作業暦は執筆者の所在地（山梨、長野、和歌山、奈良、兵庫の各県）や関東、関西を基準にしており、執筆者それぞれの自然農による果樹栽培をもとに紹介しています

◆果樹の品種名は一般名、固有名、地域での呼ばれ方などを記述し、果樹によっては系統名で表記しています

◆専門用語の一部については、本文中の初出に（　）を入れて解説。年号は西暦を基本としていますが、必要に応じて和暦を使用しています

収穫した早生・中生ナシ（幸水）

自然農ORCHARD

いのちの巡り

モモの葉に
つくアブラムシ
をねらうテントウムシ

ブドウの葉についたヒシバッタの仲間

収穫期のモモ

キウイフルーツの摘果

リンゴの開花

モモの枝に
ついた
ミノムシ

ソルダムの
実に袋がけ
をする

植えつけ1年目のブドウ苗（メルロー）

モモの株元周辺のササや
夏草を刈り取る（三井和夫さん）

自然農ORCHARD

結果の実り

落葉果樹

栽培しやすい
アルプス乙女

いまやリンゴの
代表格ふじ

プルーンはヨーロッパ系のスモモ

イガは緑色から
褐色へと変化する

光沢をおびたクリの実

イチジクは完熟果を収穫

真っ赤に熟したオウトウ

収穫期のスモモ

色づきはじめたアンズ(平和)

収穫間近のモモ(白鳳)

皮をとったあとの堅果

オニグルミの実

常緑果樹

庭先にあると重宝するユズ(木頭系)

さっぱりした味わいのハッサク

ヤマモモは常緑性の高木

特有の甘酸味があるヤマモモ

青切りの温州ミカン

小果樹・蔓性果樹

愛らしい小果が魅力のブルーベリー

キウイフルーツの果皮には褐色の軟毛が密生

グースベリーと呼ぶスグリ

甘酸っぱいラズベリーの実

紅色、紫黒色に熟したクワの実

自然農ORCHARD

恵みを封印

オリジナルのウメの
実入りウメシロップ

あると便利なカキ酢

ほんのりほろ苦で甘いユズジャム

甘酢っぱさ
のある
ヤマモモ酒

スダチ酒は
さっぱり風味

万人受けのブルーベリージャム

ザクロ酒は
琥珀色の
快心作

青い果実を
漬けた
オリーブの
塩漬け

優しい香りのモモジャム

完熟果を
漬けた
オリーブの
塩漬け

ユスラウメ
ジャムは
深紅の結晶

第１章

自然農の果樹を育てるにあたって

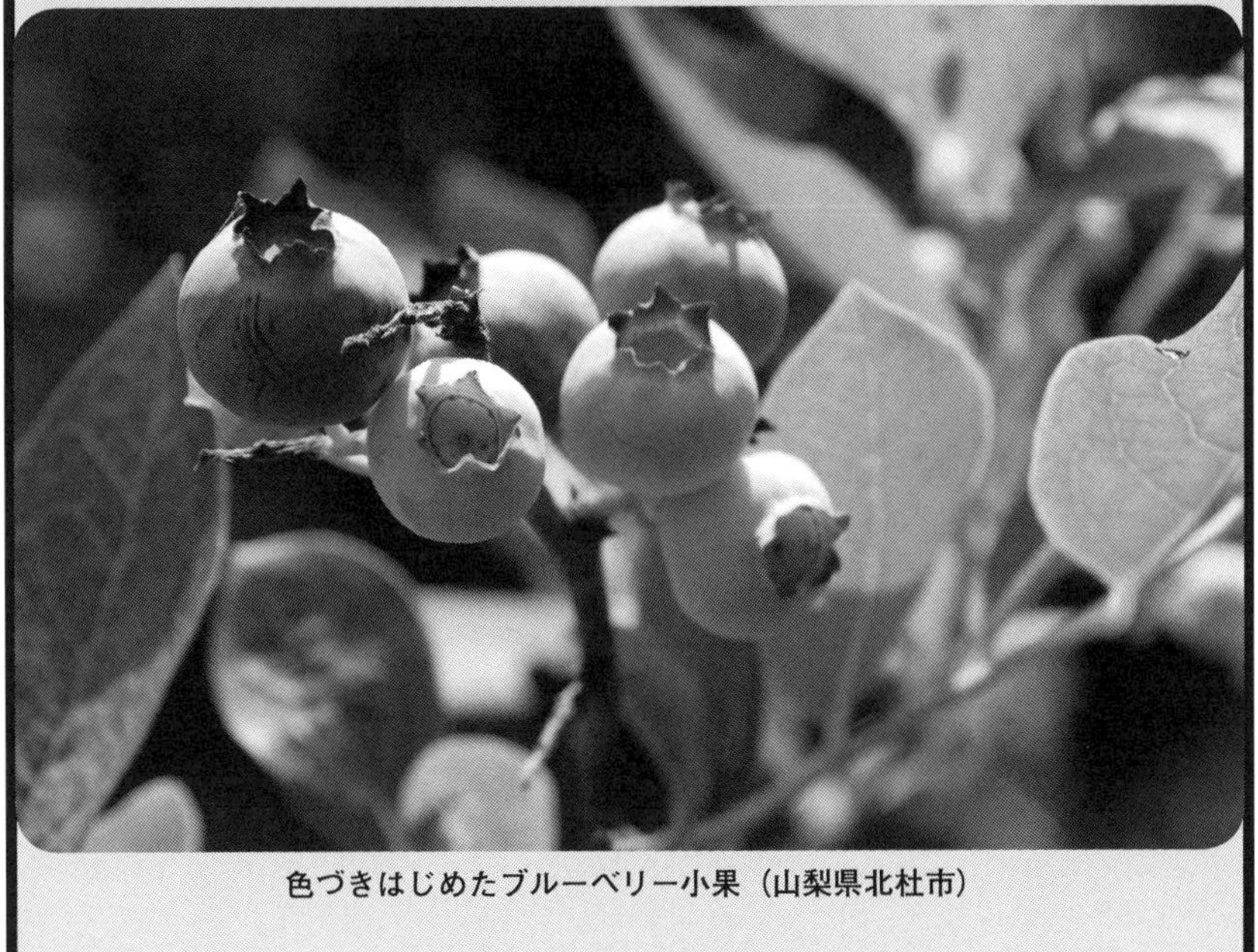

色づきはじめたブルーベリー小果（山梨県北杜市）

環境に負荷をかけない自然農の果物づくり

自然に沿った暮らし方へ

２０１０年に愛知県名古屋市で生物多様性条約第10回締約国会議（ＣＯＰ10）が開催され、生物多様性や生態系といった言葉が一般にも知られるようになってきました。地球上の動植物は他の動植物を食べ、食べられ、また死んだものは分解されて他の生きものの養分となります。

この生きとし生けるものの営みがバランスを保ち連鎖しているからこそ、自然は持続可能なのです。無駄なものは一切ありませんから、ゴミも出ません。生態系とは、この連鎖とバランスのことだと考えてもらってもよいでしょう。

この連鎖から何かが外れたり、よけいなものが加わると、生態系のバランスが崩れてしまいます。生物多様性というと、ただ動植物の種類が多ければよいとか、希少な動植物を守ればよいと考えられがちですが、そうではありません。その場その場で営まれている動植物の連鎖とバランスを保つことこそが重要なのです。外来生物が問題になっているのも、その場の生態系のバランスを一時崩してしまうためです。

全ての動植物は、生態系という自然の秩序の中で暮らしています。しかし人間は、この秩序を壊してしまったために、現在の地球温暖化やゴミ問題などの地球環境問題、食の安心・安全の問題や食料自給率の問題、さらに言えば鬱病や自殺の増加といった社会問題までもが表面化してしまっています。私たちは今、自然の秩序に沿った暮らしというものを、あらためて考え直さなければならないのではないでしょうか。

自然農の３大原則

地球は一つの大きな生態系ですが、これは各地にある独特の生態系が絶妙に組み合わさっての大きな一つの地球生態系です。これらの生態系は、さらに

1枚の葉を始まりとする連鎖

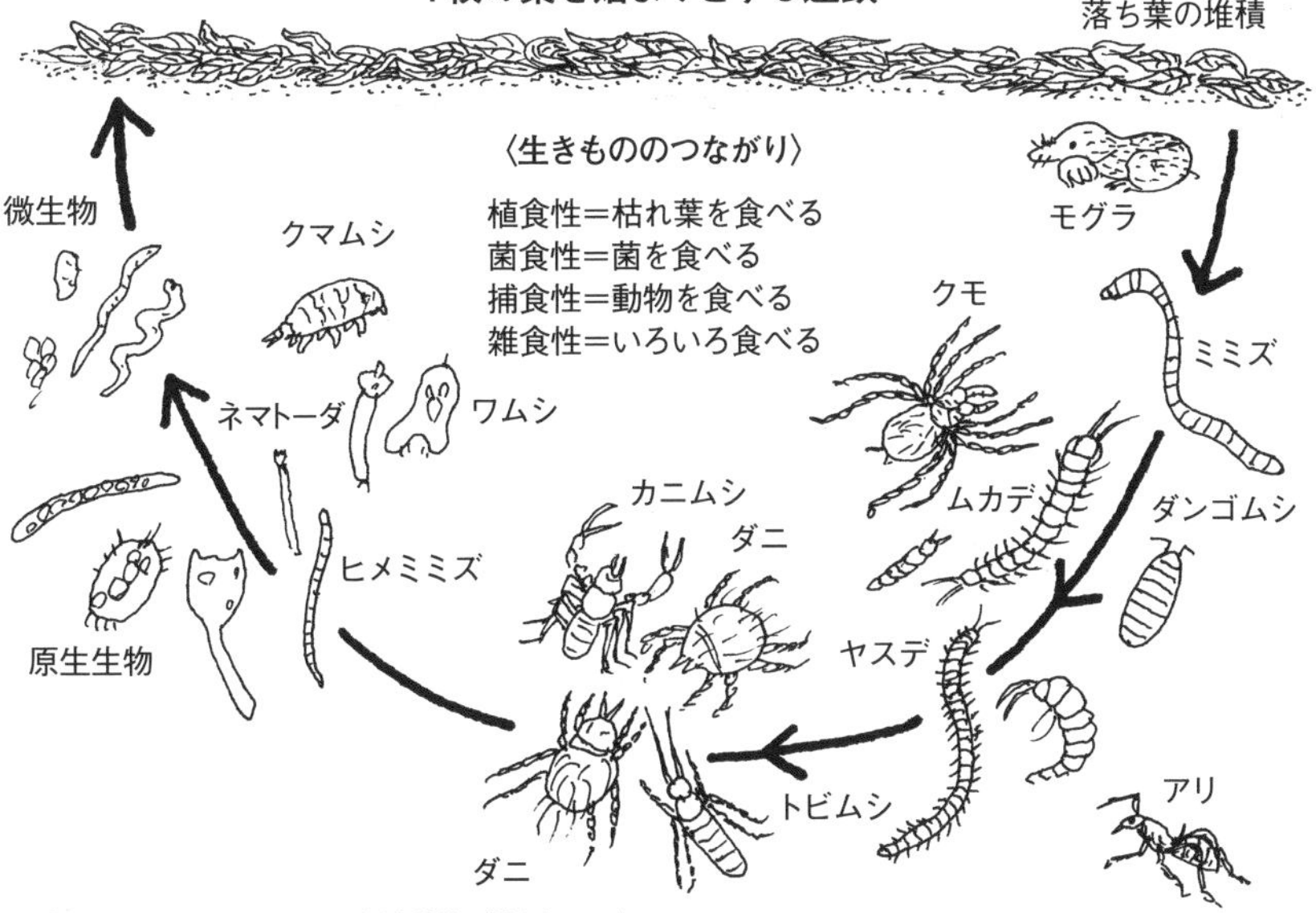

注：①葉の分解過程に関する土壌動物（藤川1979）
②『土の生きものと農業』中村好男著（創森社）をもとに加工作成

小さな生態系が自然に誤まることなく組み合わさってできています。田んぼにも畑にも庭先にも、そこにふさわしい生態系があり、秩序があるのです。自然農は、この自然の秩序に沿い任せる農を目指したものです。

自然農には、「耕さず、持ち込まず、持ち出さない」という3大原則があります。これらのことについて、簡単に紹介しましょう。

◆原則1　耕さない

土は多くの微生物がいのちの営みを繰り広げる舞台であり、そこで生態系をつくっているからこそ、その土は地上部のいのちの糧《かて》になることができるのです。この微生物の営みは、極めて重要です。またその土地の土は、その土地に生きてきた動植物の亡《なき》骸《がら》が積み重なってできたものです。言い換えれば、土はその土地のいのちの巡りの歴史であり、それが今の世代のいのちを生かしているのです。土には、今生きているいのちの営みに必要なものが全て含まれています。

土を耕せば、一時の収量を増やすことができ、草を制することもできます。しかし、それは、その土に生きている多くの小さな動植物や目に見えない微生物を殺し、歴史を断ち切ってしまうことでもあります。また、耕し続けると、時の流れとともに土が硬くなり、作物の根に空気が届かなくなり、作物の育ちは悪くなります。種をまいたり苗を植える作業も容易ではなくなってしまいます。そうするとまた、耕さざるを得なくなります。ここに労力の悪循環が生まれます。

　自然豊かな森の土がフカフカしているのは、いのちの巡りの歴史である厚い腐葉土があるからです。この腐葉土があってこそ、森はなんの手を加えることなく豊かであり続けるのです。一方、自然の秩序に逆らって耕した田畑には、腐葉土はできません。だから耕し続けなければならないのです。これは大いなる無駄であり、不経済なことです。

◆原則2　持ち込まない

　その土地で育てられる作物は、過去のいのちの亡骸や排泄物を、その舞台に暮らしている無数の微生物が分解するという営みによってつくられる土で十分に育ちますから、自然農では化学肥料はもちろん、堆肥などの有機質肥料、なにがしかの微生物や酵素などを投入することはありません。

　土を耕して亡骸をなくし、今を生きる動植物や草々、そして微生物を殺し、化学肥料によるわずか数種類の化学物質のみで育った作物の生命は軟弱、病弱です。だからこそ農薬が不可欠になり、その土地に暮らす私たちや他の生きものたちのいのちや健康までも害してしまうことになります。有機質肥料や微生物や酵素などを投入したとしても、耕すことによって死の世界と化さしめ荒廃させるゆえに土がいびつであることに変わりはありません。

　また、自然農では、他所から土を持ってくること（客土）もしません。これは他所の歴史や微生物の営みを持ち込むことであり、効果は一時的にはあるかもしれませんが、長続きはしません。その土地本来の微生物の営みや多くのいのちの歴史が積み重なることこそが大切なのです。

　もし、自然農で育たなかった作物があったとすれば、その作物はその土地の自然には合わないということです。その作物をなんとか育てようと何かを加えるのではなく、その作物は諦めて別の作物を考えるべきです。

◆原則3　持ち出さない

その土地に暮らす草や虫は、その土地の生態系の一部であり、やがて亡骸となって土となるべきものたちです。その草や虫がつながり合っているからこそ、そこで育てている作物も健康に育つことができるのです。これらを持ち出すことは、その土地にあるべき歴史を変えてしまうことになります。ですから自然農では、草や虫を敵とせず、収穫物以外は持ち出すことはしません。

とはいえ、作物を栽培しているのですから、作物の成長を妨げる草や作物を害する虫を、そのままに放置しておくことはできません。ですから、最低限の草は刈り、作物を害する虫は捕殺しますが、できるだけその場で腐葉土、腐蝕土となるようにします。

ここで大切なのは、生きていくための「基本の行為」と「貪《むさぼ》り」とは違うということです。必要以上にいのちを殺し、無駄に消費することは貪りですが、足るを知り必要なことをするのは生きる基本の行為だと考えます。また、「栽培によってどこまで人間のものにすることが許されるのか」といった問いに対しての答えが自然農であるともいえましょう。

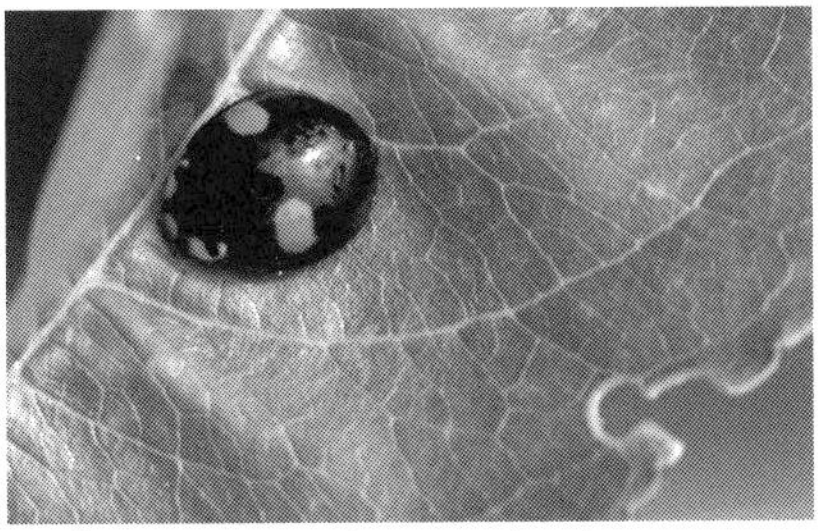
アブラムシをねらうテントウムシ

クリの花粉についたコメツキムシ

自然農による果樹栽培の魅力

その場にふさわしいいのちの数と種類があって、その場の調和、つまりは生態系ができあがります。ある意味で、私たちが育てようとする作物も外から持ち込んだものであり、一旦はその場の生態系を撹乱することになりますが、許容量を超えなければ、再び調和は取り戻されていきます。そこは自然に任せておくことが基本です。しかし、自然に任せておくことが基本であるからこそ、お米や野菜など基本的に1年で収穫するものの成果を、最初から挙げていくのは難しいかもしれません。

　その点、果樹は実がなりだすまでに数年かかりますから、その間、作物がその土地の生態系の営みの一部となっていく猶予があります。育てる側としても、米や野菜づくりと比べれば、苗木を植えつけてから収穫するまでに年数（**表1参照**）がかかることもあり、比較的余裕を持って自然農に取り組むことができますから、果樹栽培は自然農を手探りで実践し、確立していく部門としては、うってつけかもしれません。

表1　主な果樹の結果開始年齢と成果期

種類	結果開始年齢	成果期（年）
モモ	2～3	8～20
ブドウ	2～3	8～25
イチジク	3～4	8～25
ナシ	3～4	10～30
クリ	3～4	10～30
ウメ	3～4	10～30
オウトウ	4～5	10～25
ビワ	4～5	12～30
温州ミカン	4～5	15～40
カキ	4～6	15～40
西洋ナシ	5～6	15～30
リンゴ	5～6	15～40

出典：『新版果樹栽培の基礎』杉浦明編著（農文協）

　自然農の魅力は、生きていくために必要な食べものを自分の手で育てることによって、生きていくための基本の生き方を悟り、生きる喜びがもたらされることです。自然農によって育てられたその食べものは、自然に沿った育て方をしているために安心・安全で生命力に満ちあふれていることはもちろん、その作物本来のおいしさをもたらしてくれます。

　また、自然農を行うことは、多くの生きもののいのちが健全に営まれることの大切さ、環境を汚染したり処理ができないゴミを出さず環境に負荷をかけないこと、有限の資源を浪費しないことなどの大切さを悟り、自然に沿った暮らし方を学ぶための行為でもあります。これらのことは、たとえ庭や畑などに1本の果樹を植えるだけでも感じることができるはずです。

栽培する樹種・品種と苗木の選び方

自分の栽培スタイルを考える

栽培する樹種や品種を決めるには、まず自分の果樹栽培の目的が自家用なのか、出荷用なのか、自家用と出荷用を兼ねるのかを考え、検討する必要があります。

例えば、庭先などで育てて少量を自家用で楽しむだけならば、後々落ち葉の管理や日陰の問題などが出てくるような高木になる果樹は避け、中低木の果樹を選んだほうがよいかもしれません。また、後述するように、１本植えただけでは実をつけることができず、数品種植えなければならない性質の果樹は、スペース的に難しくなる可能性もあります。

適地適作が基本

自然農では適地適作、適地適品種、つまりその地域がもともと持っている気候や土質といった条件に合った作物を育てるのが基本です。したがって、まずは自分が植えたい果樹が、自分の地域の自然条件に適しているのかを知ることが大切です。いくら自分がつくりたい樹種があっても、それを育てるためにハウスをつくったり肥料を入れたりして、育てるための条件を無理矢理つくりださなければならないようなものは選ばないようにします。

大きく分ければ、果樹には寒冷地に適しているもの、温暖地に適しているものがあります。一般的にリンゴ、アンズ、オウトウなどの落葉果樹は耐寒性があるため寒冷地に、柑橘類などの常緑果樹は温暖地に向いています。自分の土地に適している果樹や品種を知るためには、もともとその地域で栽培されているものを調べてみるとよいでしょう。そうした果樹や品種を選べば、まず間違いはありません。

実をつけるための性質を知る

果樹には、１本だけ植えても実をつける性質のものと、１本だけ、または同じ品種だけでは実をつけない性質のものがあります。これらの性質を知り、植栽スペースなども考えた上で、植える樹種や品種を決めることも必要です（表2参照）。

モモやブドウなどの自分の花粉で受精して実を結ぶ自家結実性のもの、また温州ミカンやカキの平核《ひらたね》無《なし》、イチジクなどの授粉が行われなくても実をつける単為結果の性質を持つものは、1本だけ植えても実をならすことができます。

一方で、リンゴやナシ、オウトウ、スモモ、ウメ、アンズ、クリなど自分の花粉では実を結ぶことができない自家不結実性のもの、またキウイフルーツのように雄花と雌花をつける木が別である雌雄異株のものは、1本だけ植えても実はなりません（ただし、リンゴの中には自家結実性の品種もあります）。

いずれにしても、人為的に授粉（雌しべに雄しべの花粉をつける）作業をしないと実がならないような品種は避け、昆虫などによる授粉が自然に行われる果樹を栽培していきたいものです。また、確実に育つ果樹と、実験的な果樹の両方を栽培することも楽しみの一つでしょう。

表2　1品種では実をつけない主な果樹

性質	果樹
必ず2品種植える	キウイフルーツ、ナシ、ハッサク、ヒュウガナツなど。キウイフルーツは雄品種と雌品種が1品種ずつ必要
ほとんどの品種で2品種植える	リンゴ、スモモ、サクランボ、ウメ、クリ、オリーブ、ブルーベリーなど
品種によっては2品種植える	モモ、カキなど

出典：『プロが教えるおいしい果樹の育て方』小林幹夫監修（西東社）

収穫期の違いを考慮

果樹の品種には収穫期の違いによって、早生《わせ》種、中生《なかて》種、晩生《おくて》種のものがあります。

例えば、早生リンゴのつがるは9月初旬、晩生リンゴのふじは11月上旬から中旬と、収穫期に2カ月の差があります。特に出荷を目指した栽培を行いたいならば、出荷時期を考慮して品種を選ぶ必要があります。一般的に、長期間世話をする必要がある晩生種のほうが栽培は難しくなりますが、その困難を

表３　果樹の分類　（人為的分類、熱帯果樹を除く）

中～高木性果樹	Ⅰ 落葉性	①仁果類	リンゴ、日本ナシ、西洋ナシ、中国ナシ、カリン、マルメロ、サンザシ、メドラー
		②核果類	モモ、ネクタリン、バントウ、サクランボ、アンズ、ウメ、日本スモモ、西洋スモモ
		③殻果類	クリ、クルミ、ペカン、アーモンド、ハシバミ、（ヘーゼルナッツ）、イチョウ（ギンナン）、カヤ
		④その他	カキ、イチジク、ポポー、ザクロ、ナツメ
	Ⅱ 柑橘類	①ミカン類	温州ミカン、ポンカン、紀州ミカン（コミカン）、タチバナ、コウジほか
		②オレンジ類	バレンシアオレンジ、ネーブルオレンジ、福原オレンジ、トロピタオレンジほか
		③雑柑類	ナツミカン、ハッサク、イヨカン、サンポウカン、ヒュウガナツ、ダイダイ、タンゴール類、タンゼロ類ほか
		④文旦類	晩白柚、平戸文旦、安政柑、グレープフルーツほか
		⑤レモン類	レモン、シトロン
		⑥ユズ類	ユズ、ハナユ、スダチ、カボス
		⑦キンカン類	キンカン
	Ⅲ 常緑性（柑橘類を除く）		ビワ、オリーブ、フェイジョア、ヤマモモ
蔓性果樹			ブドウ、キウイフルーツ、サルナシ、アケビ、ムベ、マタタビ、パッションフルーツ
小果樹	①スグリ類		スグリ、フサスグリ、クロフサスグリ
	②キイチゴ類		ラズベリー、ブラックベリー
	③コケモモ類		ブルーベリー、コケモモ、クランベリー
	④その他		グミ、ユスラウメ、ニワウメほか

表４　果樹の植栽に適する自然条件の基準

果樹の種類	年平均気温（℃）	4～10月の平均気温（℃）	4～10月の降水量（㎜）
柑橘類	15以上		
リンゴ	6以上　14以下	13以上　21以下	1,300以下
ブドウ	7以上	14以上	1,600以下（欧州種は1,200以下）
ナシ	7以上（西洋ナシは7以上15以下）	13以上	西洋ナシおよび二十世紀は1,200以下
モモ	9以上	15以上	1.300以下
オウトウ	7以上　14以下	14以上　21以下	1.300以下
ビワ	15以上		
カキ	甘ガキは13以上 渋ガキは10以上	19以上 16以上	
クリ	7以上		
ウメ	7以上		
スモモ	7以上		

注：①寒冷・降雨または降霜が植栽した果樹の育成または結果に支障の及ぶおそれがないこと
　②農水省『新果樹農業振興基本方針』1980

克服して、ふじを収穫している方はいますから、晩生種の品種でも十分に育てることはできます。また、あえて早生種、中生種、晩生種を植えて、長期間の収穫をねらうという考え方もあります。

その地域で生産された苗木を探す

　果樹は品種改良されているため、実生《みしょう》（種から育てた果樹）の苗木だと、様々な形質のものができてしまいます。そのため果樹の苗木は、樹木の切り株や根元から生えてくるひこばえを利用したもの、株分け（腋芽《えきが》を根ごと親株から分割）、取り木（枝や葉などから発根させて母株から切り離す）、さし木（作物体の一部を切り取り、土や砂にさして発根させる）、接《つ》ぎ木（植物体の一部を他の個体の形成層に密着するように接ぐ）などの栄養繁殖法によって生産されたものが一般的です。

無農薬、無肥料栽培のリンゴ各種（右前ふじ）

プラムの接ぎ木苗（植えつけ３年目）

　果樹の苗木はホームセンターや園芸店、通販などで購入できますが、地域で生産した苗木を販売している苗木屋や農産物直売所などを探して購入したほうが、その地域の土に適した苗である可能性が高くなります。例えば、一般的に購入しやすいポットに入れて売られている苗木の多くは接ぎ木苗で、接ぎ木をした部分にテープが巻かれています。接ぎ木苗は、その地域の土に適した根や病気に強い根を持つ下半身（台木）に、おいしい実をつける上半身を接ぐことで、その土地で育ちやすくされているのです。地域の土に適した苗であることを前提に、幹や枝がしっかりしていて、充実した芽が多く、細かい根がたくさんあるような苗木を選ぶとよいでしょう。

　また、果樹を小さく育てたい場合には、矮性《わいせい》（樹高が低い性質）の台木に接いだ苗木を選ぶとよいでしょう。

（三井和夫）

植えつけ場所の選定

一般的には南面の傾斜地が適地

果樹は、植えたら30年、40年と生き続けるものですから、植えつけ場所をどこにするのかを決めることが、とても大切です。

一般的に、水が確保できるところは水田に、平地は野菜づくりに、傾斜地は果樹づくりに適しているといわれます。つまり果樹づくりには、日当たりがよく、水はけのよい場所が適しているということです。もちろん平地でも果樹づくりはできますが、日当たりのよい南面の傾斜地が理想的です。

ただし果樹によって、イチジク、キウイフルーツなどのように半日陰（1日3～4時間程度しか日が当たらなかったり、何かにおおわれて直接日光の半分程度しか光が入らない状態）でも育つものもあります。植えたい果樹がどのような性質を持っているかを知った上で、植えつけ場所を選ぶとよいでしょう（次頁の表5参照）。

また、空気がよどむようなところでは病気などが発生しやすく、またあまり風が強すぎると、花や、せっかく実った果実が落ちてしまうこともあります。適度に風が通り抜け、かつ強い風の直撃を受けないようなところが果樹栽培には適しています。適当な場所が見つからなければ、防風のために他の樹を植えたり、風向きを変えるために垣根を工夫するといったことを考えてみるのもよいでしょう。

収穫終わり頃のイチジク

果実肥大期のキウイフルーツ

根がしっかり張れる場所を選ぶ

鉢植えでも果樹栽培はできますが、やはり野外の土に植えたほうが、自然の巡りにかなっていると思います。できるだけ、自由に土の中に根が張れる栽培をしたいところです。果樹の根が深く張れば、それだけ風で倒れにくくなり、乾燥や湿気の影響も受けにくくなります。

水田の跡地は粘土層が入っているので、水がたまりやすい、流れ込みやすいといったことが考えられます。果樹は全般的に耐水性が弱いので、そのような場所では果樹の根が張りにくくなることも考えられます。できれば避けたほうがよいでしょう。

畑など、トラクターなどで耕し続けられていた場所は、ふかふかの表土の下に耕盤ができていて、果樹が根をうまく張れない可能性があります。このような場所に果樹を植える場合は、植え穴を深く掘ってやる必要があります。前もって深く根が張るライ麦などを育てて耕盤を壊しておくのも、一つの対策です。

また、キャタピラーの重機を使って森を伐採したような場所は、表土が硬くて保水力が弱く、雨が降ると水たまりに、大雨が降ると流れとなってしまいます。このような場所は自然農に限らず、果樹の生育はよくありません。

表５　主な果樹の特性と植え場所

強い		弱い
（やや強い） カキ、イチジク、フサスグリ、キウイフルーツ、アケビ	日陰	リンゴ、クリ、モモ、ナシ、スモモ、ウメ、ブドウ、ミカン
（やや強い） カキ、ナシ、ブドウ、ザクロ、ブルーベリー、マルメロ	湿度	イチジク、モモ、ウメ、サクランボ、スモモ、アンズ、キウイフルーツ、クリ
モモ、スモモ、アンズ、ブドウ、ウメ、クリ、オリーブ、グミ、クルミ、柑橘類	夏の乾燥	リンゴ、ナシ、カキ、マルメロ、ブルーベリー、キウイフルーツ、カリン

出典：『はじめての果樹ガーデニング』小林幹夫監修（永岡書店）

整地は人力でできる範囲で

果樹を植える場所をつくるために重機で整地すると、土が硬くしまって根が深く入らなくなります。また、その場所の耐水（湿）性や排水性、耐乾性などを考え、重機を使って土を掘るなどといった、人工的に土地の条件をつくりだすことは止めておきましょう。そんなことをするくらいならば、その土地に適した別の作物を導入したほうが賢明です。今ある土地をあまり変えず、人力でできる範囲での栽培を考えるようにします。

また、自然農の「持ち出さない」という原則に則《のっと》って、果樹を植えるためにもともと生えている樹を伐ることになっても、切り株は掘り起こさず、できるだけ自然に朽ちていくのに任せます。石があっても、必要があって持ち出すのでなければ、そのまま置いておきます。

整地後、植えつけたクリ

型にはめず、ともに成長していく

最適の場所と思われる場所に植えても、失敗して枯れてしまうことはあります。それは仕方がないことですので、どうして枯れたのか、よく観察して次に役立てるようにします。

また、果樹を栽培するということは、一度植えてしまえば20年～30年かけて、その場所をその果樹に適した場所にしていくということでもあります。型にはまった適地を探し回るのではなく、植えてから果樹とともに成長していくことを考えてみてもよいでしょう。

（三井和夫）

植えつけ方の基本

自然農では施肥は考えない

「持ち込まず」を原則とする自然農では、施肥することはありません。したがって果樹の苗木を植えるときも、化学肥料はもとより、堆肥などの有機質肥料（動植物を原料とした肥料で有機物を含んでいるもの）も使いません。その場所が自然の状態であれば、そこに様々な動植物が集まり、食べて食べられて、生きて死んでと巡っていくことで、自ら土は豊かになっていきます。そんな場所には、外から何かを持ち込む必要はないのです。

しかし、土が裸の状態であまりにも痩せていて、何かを補う必要がある場合もあります。そんな場合は、人や家畜のふん尿、野菜などの生ゴミなど、自然の循環に戻ることができる有機質肥料を使用します。油カス、米ヌカなどを使う場合もあります。ただし、決して多過ぎないように控えめとし、これらを土の中に入れることはせず、地表に置きます。

根がしっかり伸びるように植える

植えつけは、暖地ならば晩秋から初冬、寒地ならば芽が動き出す直前の春に行うのが一般的です。

根がゆったりと広げられる程度の穴を掘って植えつけます。私の場合、接ぎ木苗は次のような手順で植えつけています（図参照）。

①苗木を置く中央部を、お椀を伏せたように10㎝ほど高くして少し踏み固め、苗木の根が自然の形に広がるように苗木を置く。

②根に当たらないように注意して支柱を立て、苗木を固定する。

③3分の2くらいの土を戻して軽く踏み固め、バケツ1杯の水を入れる。

④水が引いたら残りの土を戻し、軽く土を押さえる。

⑤接ぎ木部分より上の3分の1程度を切り戻す（切り返す、切り詰めるともいう）。

果樹の植えつけの例

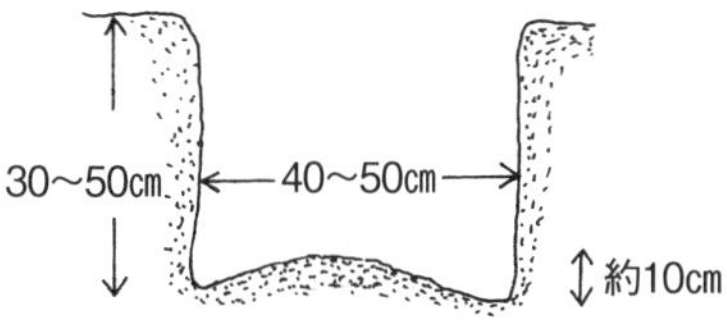

①下部の中央部分は、
お椀を伏せたように
して少し固める

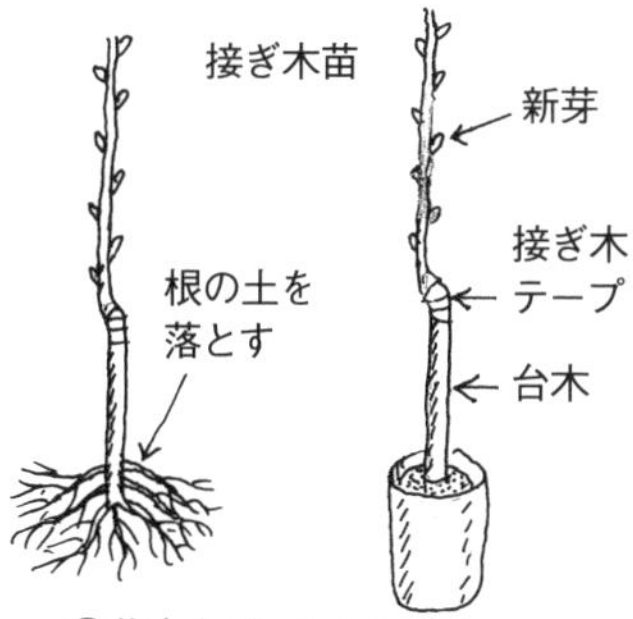

②苗木をポットから
はずし、根を広げる

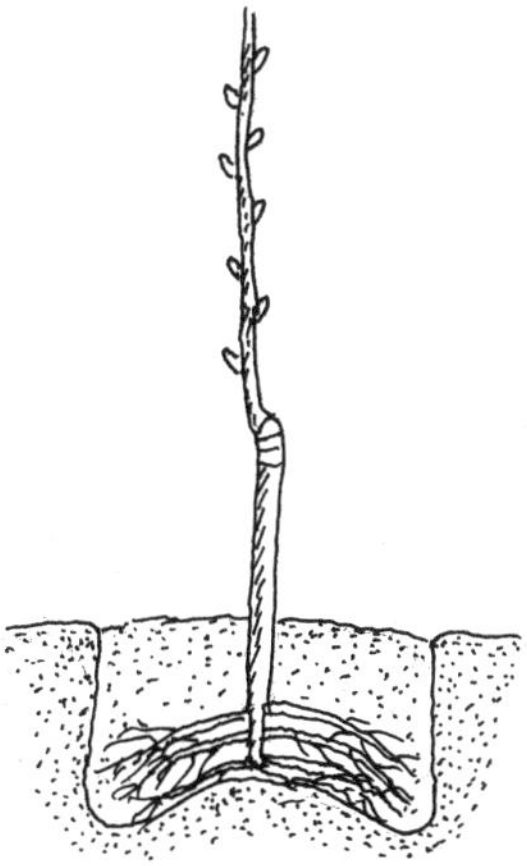

③苗木の根が自然に下がり、
広がるように置く。土を戻す

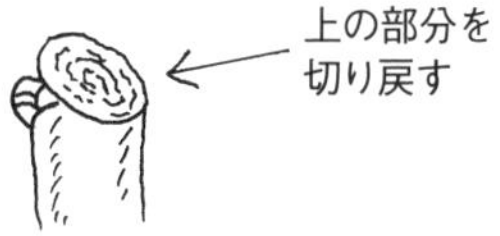

④接ぎ木部分より上の
3分の1程度を切り戻す

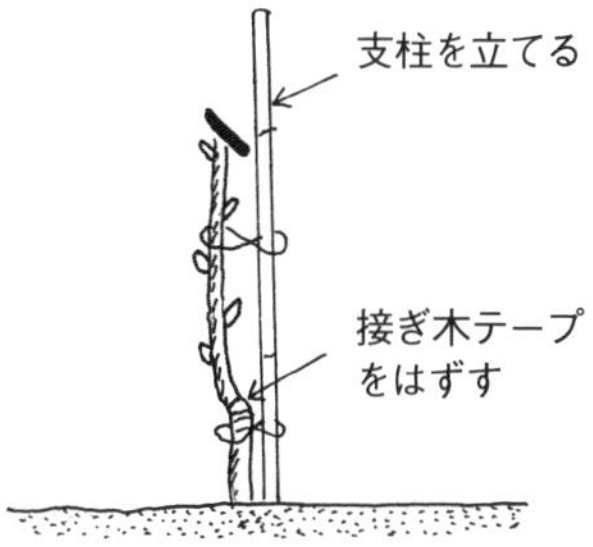

⑤支柱を立て、苗木を結束

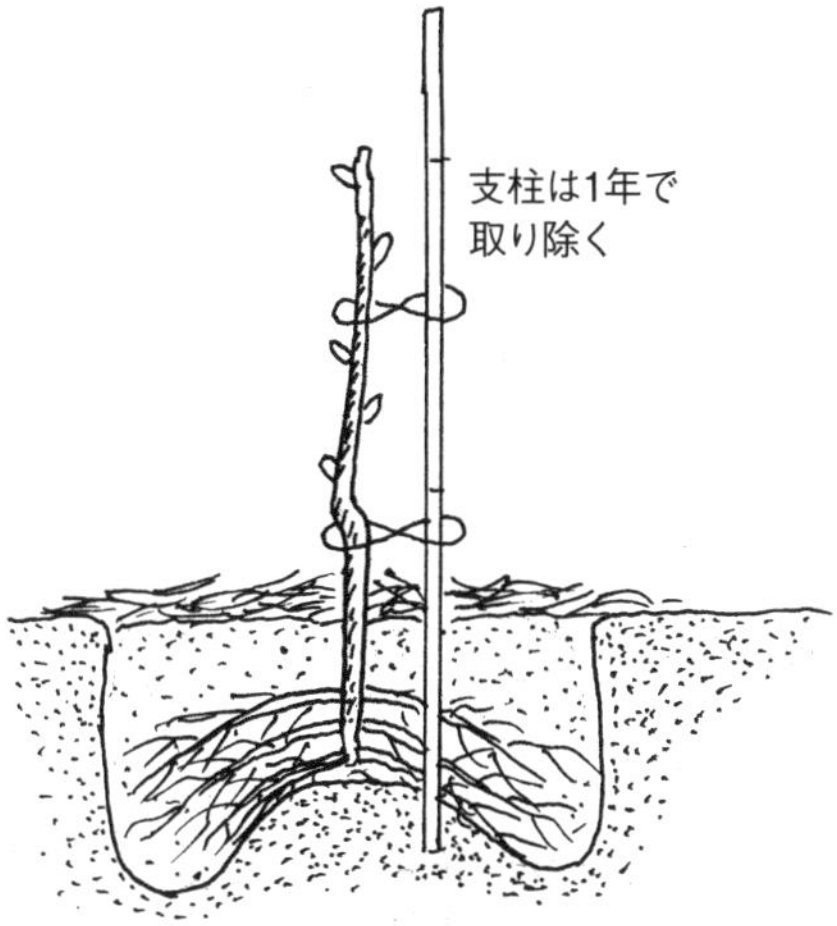

⑥苗木の周囲に刈り取った
草や藁を敷く

⑥刈り取った草などを苗木の周りに敷く。

接ぎ木の苗木の場合は、接ぎ木テープを外し、接いだ部分は土の中に埋めないようにします。埋めてしまうとその部分から根が出てしまい、接ぎ木の意味がなくなります。

根とのバランスを取るように切り戻す

一般的に苗木は、ポットなどに入っている根よりも地上部のほうが大きく育っており、根と地上部のバランスが悪い状態になっています。このまま植えても、苗木は勢いよく育ちません。そこで、手順⑤で述べたように苗木の先端部分を切り落とし、根と地上部のバランスを取るようにします。このような処理を切り戻しといいます。そうすることで、新しい枝が勢いよく伸びてきます。

支柱を立てて、ブドウの苗木を結束

株元周辺のササ、夏草を刈り取り、敷く

接ぎ木苗であれば、接ぎ木部分より上の3分の1程度をハサミで斜めに切り戻すのが一般的です。

夏の乾燥を乗り切れば大丈夫

植えつけ後は、根が水を求めて土の中深く入るよう、できるだけ水は与えすぎないようにします。また、手順⑥で述べたことですが、苗木が草におおわれないようにある程度の草を刈り取り、苗木の周りに敷いておきます。これは、土の水分を保っておくことにもつながります。それでもひどく乾燥してしまうようなら、たっぷりと水やりをして刈った草を厚めに敷いておきます。

夏の乾燥を乗り切れば、しっかりと根が張ります。

（三井和夫）

果樹に合った仕立てと適切な手入れ

樹の構成と枝の種類

果樹は多くの枝で構成されています。主な枝の種類（図参照）と呼称を次に紹介します。

- **主幹**　最も太い骨組みとなる樹の幹。地表から最上部の分岐部までをさします。
- **主枝**　主幹から発生する幹についで太い骨組みとなる枝です。
- **亜主枝**　主枝から発生し、主枝についで骨組みとなる枝です。
- **側枝**　主枝や亜主枝から発生する細い枝。果実をつける結果枝《けっかし》、あるいは結果母《ぼ》枝《し》を発生させる枝です。必要に応じて整枝、剪定をし、混み合わないように更新します。
- **結果枝・結果母枝**　結果枝は花芽《かが》（花をつける芽。はなめともいう）や果実をつける枝で、長さに

樹の構成と枝の種類

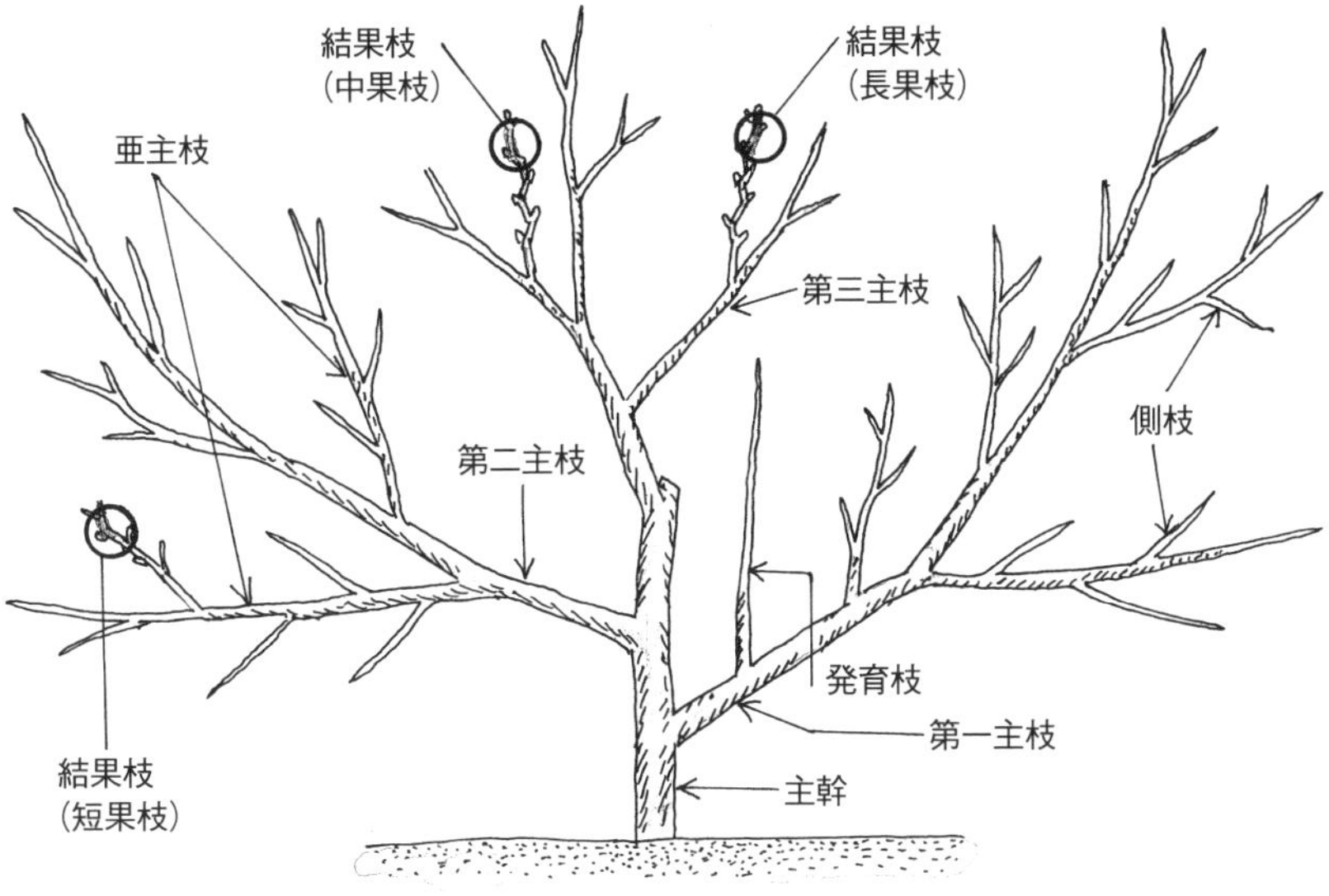

よって長果枝、中果枝、短果枝に分けられます。結果母枝は結果枝を出す枝で柑橘、ブドウ、カキなどに見られます。

・**発育枝（徒長枝）** 葉芽《ようが》（葉や枝が出る芽。はめともいう）だけで花や実をつけない枝。直立方向に伸びるものを徒長枝とも呼びます。

果樹に合った仕立て方

果樹には、それぞれの栽培特性や、栽培者の用途に合った樹形の仕立て方があります。また、スペースが制限される家庭果樹ならば、果樹を大きくせずコンパクトに仕立てることも必要となります。

主な仕立て方には次のようなものがあります。

・**主幹形仕立て** 1本の主幹（中心となる幹）から、主枝（樹形の骨格となる枝）が円錐状に出ている樹形。自然の樹形に近く、実を多くつけますが、背が高くなるため、剪定や収穫などの手入れはしにくくなります。円錐形仕立てともいいます。

・**開心自然形（準杯状《じゅんさかずき》）仕立て** 主幹を短く、主枝を斜めに2〜4本配置して横に開いた樹形。内部にまで日が当たりやすくなり、剪定や収穫などの手入れがしやすい樹形です。

・**開心形（杯状）仕立て** 主幹をつくらず、主枝をバランスよく配置して杯状になるようにした樹形。内部にまで日が当たりやすくなり、剪定や収穫などの手入れがしやすい樹形です。

・**半円形仕立て** 2本の主枝を左右に誘引し、主枝から結果枝（実をならせる枝）を発生させていく樹形。全体に日当たりがよく、果実が早くつきます。

・**U字形仕立て** 2本の主枝をU字形に仕立てる樹形。日当たりがよく、剪定や収穫などの手入れがしやすい樹形です。

・**棚仕立て** 主枝を棚に誘引する樹形。苗木を棚の端に植えるオールバック仕立て、中央に植える一文字仕立てなどがあります。

・**垣根仕立て** 主枝をフェンスなどに沿って左右に誘引する樹形。様々な形にアレンジすることができ、本数を増やせば垣根にもなります。

・**棒仕立て** 蔓性の果樹の主枝をポールに巻きつける樹形。狭いスペースでも栽培が可能です。

果樹の仕立て方いろいろ

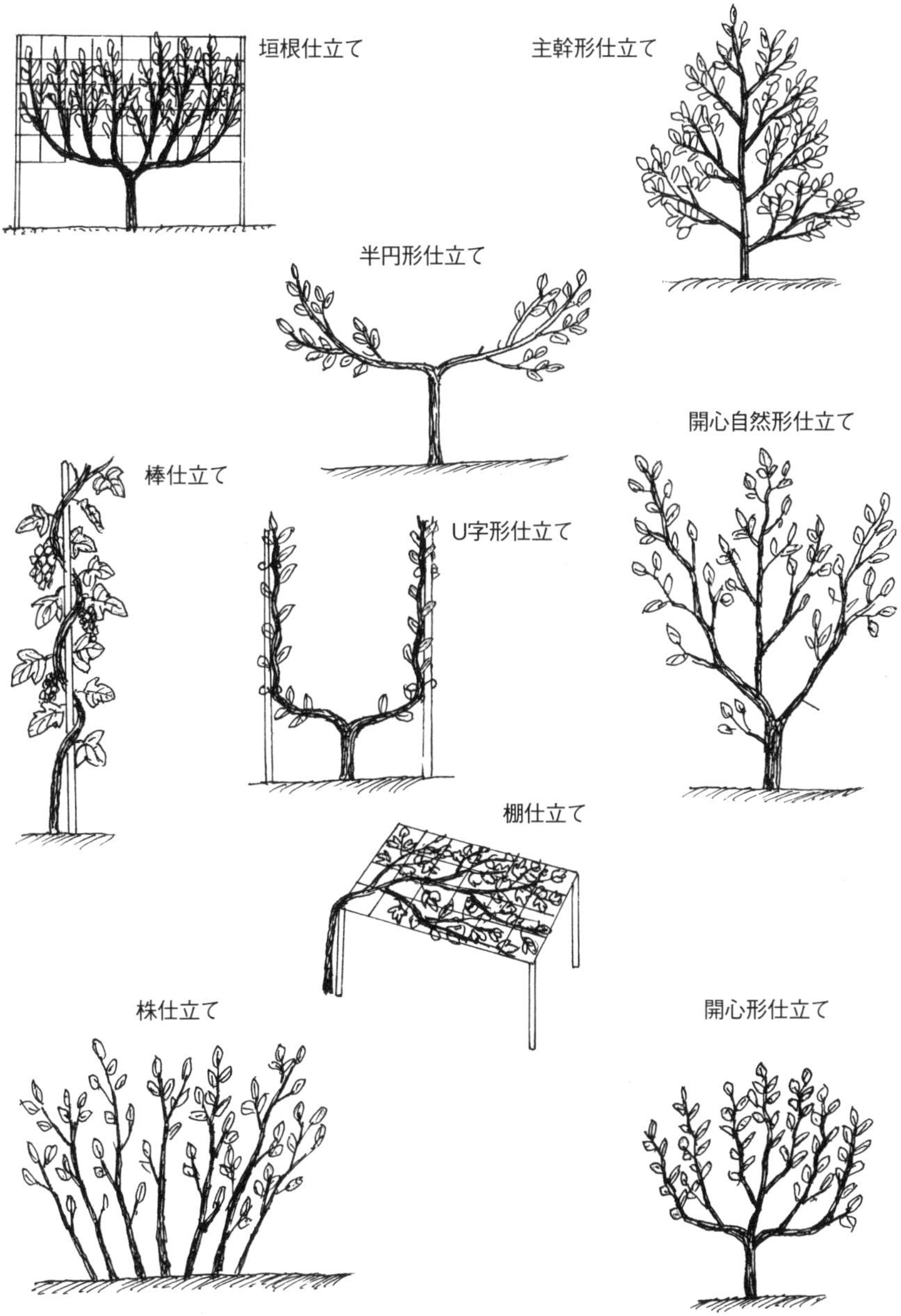

・株仕立て　根元から主枝を5～10本、株状に発生させる樹形です。

成長に合わせた剪定

不要な枝を整理することを剪定といい、基本的に果樹が休眠している冬期に行います。剪定には、枝の途中を切る切り戻し剪定と、枝の根元を切る間引き剪定があり、それぞれ目的が異なります。

切り戻し剪定は、果樹の成長を刺激してその部分から複数の新しい枝を伸ばすために行うもので、より多くの実をつけさせることが目的です。切り戻し剪定は、主に前期に伸びた若い枝（一年枝、前年枝）に対して行います。

枝の途中から切る切り返し剪定

弱々しい枝を切除する間引き剪定

間引き剪定は、そこから新たな枝を伸ばさないために行うもので、樹形を整えたり、日当たりや風通しをよくすることが目的です。

また、果樹の生理として、勢いよく伸びた枝には葉芽が、短い枝には花芽がつきやすくなります。実を多くつけさせるには、花芽や果実をつける短い枝（短果枝）が多く出てくるような剪定をすることが必要です。

・幼木期　植えつけ後2～3年のまだ実がならない時期は、できるだけ自然の姿で育てるようにし、どの枝にも日光が当たるように、混み合っている枝や枯れ枝を間引き剪定する程度にとどめます。

・若木期　植えつけ後3～5年で実をつけはじめるようになると、樹勢も強くなり、枝の伸びる方向も、立ち上がる方向から広がる方向へと変わります。この時期になったら、樹形の仕立て方に基づいた枝の誘引や、間引き剪定を行うとともに、実を多くつけるようにするための切り戻し剪定を行います。

・**成木期**　植えつけ後6～20年になると、収量も安定してきます。この時期は、樹勢を保つ程度の剪定を行います。

・**老木期**　植えつけ後20年以上になったら、弱った樹勢を回復させるために、実の数を制限することを目的に、やや強めの剪定を行います。

蕾が多めについたユズ。手作業で摘蕾

キウイフルーツの摘果作業

適切な摘果で隔年結果を防ぐ

摘蕾《てきらい》（余分な蕾を間引く作業）、摘花《てきか》（余分な花を間引く作業）、摘果《てきか》（余分な若い実を間引く作業）などの手入れは、豊作と不作を繰り返す隔年結果を防ぎ、樹勢を保ち、充実した実を収穫することにつながります。特に若木期に多くの実をならせてしまうと、そこに養分を取られて樹が弱ってしまいますので、摘果をして樹勢を保つことが必要となります。樹の成長に合わせて、少しずつ実をならす量を増やしていくようにします。また、一つの実を大きく育てるために、多めに摘果を行うこともあります。

リンゴなどでは、色づきをよくするために実の近くにある葉を取り去る摘葉をすることがありますが、私はできるだけ行わず、落葉するまで大切にしています。

日々の水やりは不要

基本的に果樹は、植えつけ後の日々の水やりは不要です。ただし、ブルーベリーなどのように根の張る位置が浅く乾燥に弱いものは、必要に応じて水やりを行います。

樹下の草の管理と病害虫・鳥獣害対策

草刈りはその場の自然を損なわない程度に

草が生えている場所は、その場所で暮らす多くの生きものたちの生活の場であり、食料となっています。また、草などの根の働きによって地中に空気が送り込まれ、草が枯れることによって有機物が地中に供給され、ミミズやダンゴムシ、トビムシなどの土壌動物やカビ、バクテリアなどが自然のままに暮らしていくことができ、その結果として土は豊かになります。ですから自然農では、草を敵としないことが基本です。

とはいえ、目的としている果樹が草の成長に負けて枯れてしまったのでは、果樹栽培とは言えません。私は、草の勢いが強くなって、果樹への風通しや日当たりが悪くならないように、年3回ぐらい草を刈ります。その際、全面的に草を刈るのではなく、そこに生活している昆虫や小動物などが暮らす場所を守ることを念頭に置き、果樹の根元周辺だけを刈り取るようにしています。

株元周辺の草刈り。草丈は 50 ～ 70㎝

適度に下草のあるモモ（橋場白鳳）の樹下

刈った草は果樹の根元に敷いておきます。持ち出さないことが自然農の原則であり、その場に敷くことで土の乾燥を防ぐマルチ（耕地の表面を藁、枯れ草、フィルムなどでおおうこと）の役割も果たします。

病害虫の対策

自然農では農薬は一切使用しません。日当たりや風通しをよくするための剪定を行い、樹を健康に保つことが基本であるとともに、日々観察して、害をなす虫や病気の兆候をその樹から排除していくことが大切です。農薬を使用する代わりに木酢液《もくさくえき》や酢、ニンニクを使うといった例もありますが、私は試したことがありません。

一般的に害虫と言われる虫は、主として葉を害するもの、幹・枝を害するもの、果実を害するものに大別できます。姿や生態を理解して、それぞれに応じた対処を行います（表6～7参照）。

アブラムシがぎっしりついたモモの葉

ハムキムシが卵を産みつけたリンゴの葉

また、果樹の病気の原因はカビ、細菌、ウイルスに大別され、高温多湿の日本ではカビが原因の病気（赤星病、うどんこ病、疫病、かいよう病、黒星病など）が最も多いといわれています。細菌性の病気（炭そ病、縮葉病、灰星病、べと病など）は、土中や空気中の細菌により感染します。

幼木期には、特に虫や病気に注意が必要です。果樹に害をなす虫を見つけ次第、捕殺します。葉を食べるガの幼虫など目に見えるものは、箸などでつまんで取り除きます。幹や枝、果実の中に虫が入り込んだ穴を見つけたら、針金や千枚通しを差し込んだり、水や食用油を注入して殺します。果樹園の所々に針金をかけておくと便利です。また、葉についたアブラムシなどの小さな虫は、虫取用のブラシなどを使って捕ります。牛乳をスプレーしてもよいでしょう。

虫害がひどい幹や枝は、幹や枝ごと切除します。また、カビや細菌が原因の病気も、発生した部位を取り除いて感染を防ぎます。ウイルス性の病気（萎縮病、モザイク病など）を発症したときは、その樹

表6　主な害虫と症状・対策

害虫名	要注意な果樹	発生時期	症状	対策
●葉を害する				
アブラムシ類	多くの果樹	4～6月	葉や枝に大量発生して樹液を吸う。葉や若い枝の生育がさまたげられる。すす病の原因にもなる	ブラシでこすりとるか、水で吹き飛ばす。被害が大きいときは、被害部分をとりのぞく
イラガ類	ウメ、カキ、ブルーベリーなど	8～10月	葉裏に幼虫がひそみ、葉を食害する	幼虫には毒があるので素手では触れず、枝ごととりのぞく。冬に白っぽい楕円形の球体に黒い縦しまのまゆをつくるので、見つけたらとりのぞく
ケムシ、アオムシ類	多くの果樹	8～9月	葉を食害する。柑橘類につくアゲハ類、リンゴなどにつくアメリカシロヒトリなど、さまざまな種類がいる	見つけたらとりのぞく。毒をもっているものもいるので注意する
ハダニ類	柑橘類、リンゴ、ナシなど	7～9月	葉の裏に寄生して樹液を吸う。発生した葉は白くなり落葉する。果実につくと表面の光沢がなくなる	強い水圧で吹き飛ばす。肉眼では発見しにくいのでよく葉裏を観察する
ハマキムシ類	ナシ、リンゴ、サクランボ、ブルーベリーなど	4～7月	ハマキガの幼虫で、葉先を巻いてその中に生息する。芽、蕾、果実も食害する	実に袋かけをし、見つけたら捕殺する
ハモグリガ類	柑橘類、モモ、リンゴなど	5～9月	葉に食害したあとがあらわれる	食害されたら、虫を探して捕殺する
モンクロシャチホコ	ナシ、リンゴ、サクランボ、ウメなど	9～10月	葉を食害し、枝単位で葉がなくなる	ひとまとまりで生息していることが多いので、幼虫のいる枝や葉ごととりのぞく
●幹や枝を害する				
カイガラムシ類	多くの果樹	4～5月	一年中発生するが、春に被害が大きい。大量発生して樹液を吸うほか、すす病の原因にもなる	ブラシでこすり落とす
カミキリムシ類	イチジク、柑橘類、ビワ、ブドウなど	7～8月	幼虫が幹や枝の内部を食害し樹を枯らすこともある。樹の幹に産卵する。実を食害することもある	食害部には幼虫がいるので、探して捕殺する
コウモリガ	キウイフルーツ、ブドウ、ブラックベリー、ラズベリーなど	6～7月	幼虫が幹や枝の内部を食害して樹を枯らす	食害された部分にはふんが残っているので、ふんの近くの穴に針金などを入れて刺殺する。発生源となる周囲の草を刈りとって処分する
コスカシバ	モモ、ウメ、サクランボ、ブドウなど	5～6月	幼虫が幹や枝を食害し樹を弱らせる	ふんや樹液を手がかりに食害部分を探し出し、幹を削って捕殺する
●果実を害する				
カキノヘタムシ	カキ	6～9月	実や芽を食害する。食べられた実は落果する	冬に粗皮削りをして幼虫が越冬できないようにする。むしろを巻いて幼虫を集め、むしろごと焼却する
カメムシ	カキ、ナシ、モモ、リンゴなど	7月下旬～9月	実の汁を吸い、落果させる	袋かけをする。見つけたら捕殺する
シンクイムシ類	ウメ、ナシ、モモ、リンゴなど、多くの果樹	6～9月	実に穴を開けて内部を食害する	袋かけをする

参考：表6､7とも『プロが教えるおいしい果樹の育て方』小林幹夫監修（西東社）をもとに加工作成

表７　主な病気と症状・対策

病名	要注意な果樹	発生時期	症状	対策
●カビ性の病気				
赤星病《あかほしびょう》	ナシ、リンゴなど	4～6月	葉に盛り上がったような病斑があらわれ、落葉する	感染源となるビャクシン類の近くに植えない
うどんこ病	ブドウ、リンゴ、カキ、ナシ、モモ、アケビ、ムベなど	梅雨時期	梅雨時期に気温が上がると発生する。葉にカビが生え、白い粉をまぶしたようになる	剪定で日当たりや風通しをよくし、チッ素を含む肥料を控えめにする
疫病《えきびょう》	イチジク、リンゴなど	5～6月	葉に灰緑色の斑点があらわれ、暗褐色に変わる。湿度が高いと斑点が広がり、白いカビが生じて枯れる	水やりは最小限にする。雨よけしてもよい。発生部分はとりのぞく
かいよう病	柑橘類、キウイフルーツなど	5月	葉や実の表面がザラザラになる	カビの胞子は強風に運ばれやすいので、強風が吹く場所での栽培をさける。発生部分はとりのぞき、焼却処分する
褐斑病《かっぱんびょう》	ブドウ、リンゴ、ナシなど	6月上旬	葉に黒褐色の円形の斑点があらわれ、葉が枯れる	発生部分をとりのぞく
黒星病《くろほしびょう》	ウメ、アンズ、ナシ、モモなど	5月～梅雨時期	梅雨時期に雨が多く低温だと発生する。葉や枝、実に黒い斑点があらわれ、葉が枯れる	剪定で日当たりや風通しをよくする
黒点病《こくてんびょう》	柑橘類	梅雨時期	葉や枝、実などに黒い斑点が生じる	発生部分をとりのぞく
黒痘病《こくとうびょう》	ブドウ	5～7月	葉や枝、実などに黒い斑点が生じる	剪定で風通しをよくする。ひげや感染した枝をとりのぞく
すす病	柑橘類など常緑果樹	一年中	カイガラムシなどのふんに雑菌が生じ、葉や枝がすすを塗ったように黒くなる	アブラムシやカイガラムシをとりのぞく
●細菌性の病気				
炭そ病	カキ、イチジク、ウメなど	5～10月	枝や実に丸い病斑ができる	発生部分をとりのぞく
縮葉病《しゅくようびょう》	ウメ、モモなど	4～5月	春に低温が続くと、葉がふくれて縮れる。縮れたあとは腐って落葉する	発生部分をとりのぞく
灰星病《はいほしびょう》	キウイフルーツ、アンズ、スモモ、サクランボ、モモ、リンゴなど	開花期～収穫期	雨が多いと発症する。開花期に発症すると花が枯れ、収穫期に発症すると実に斑点ができ落果する	袋かけをする。発症した果実はとりのぞく
べと病	ブドウ	梅雨時期と秋雨時期	葉の裏に白いカビ状のものが発生し、実に広がると落果する	剪定で日当たりや風通しをよくする。株元に稲わらなどを敷いて土から細菌がはね上がるのを防ぐ。発生した部分はすぐにとりのぞく
落葉病《らくようびょう》	カキ、リンゴなど	5～9月	葉に褐色の病斑があらわれて葉が落ちる	落ちた葉を集めて焼却処分する
●ウイルス性の病気				
萎縮病《いしゅくびょう》	柑橘類、ナシ	一年中	特別な病斑はつくらず樹が小型化する	感染源となるアブラムシ類をとりのぞく。発生した樹は焼却処分する
モザイク病	柑橘類、ナシ、ブドウ、モモ、リンゴなど	一年中	花びらや葉などにまだらの病斑ができ、葉が縮れて黄色に変色する	感染源となるアブラムシ類をとりのぞく。発生した樹は焼却処分する

袋かけで実を守る

防鳥ネットで鳥害を防ぐ

ナシ園でイノシシがミミズをねらって掘った跡

ごと処分することになります。

袋かけも病害虫対策

長い期間、樹についているモモやリンゴ、ナシ、ブドウなどの実には、たくさんの虫や、鳥や小動物が実をねらってやってきます。それらから実を守るのが袋かけです。

袋をかけることで湿気がこもって病気が出ることもありますが、一般的には袋をかけることで収穫が安定します。私は中身がぼんやりわかるパラフィン紙のものを使い、収穫時までつけておきます。

鳥獣害の対策

果実は虫だけでなく、鳥やハクビシン、イノシシなどの哺乳類にもねらわれます。これらの対策として前述の袋かけの他、種々のネットや網を使って果樹をおおったり、果樹園全体を防護柵などで囲ったりします。防鳥用のネットは、ホームセンターや大型園芸店などで手に入れることができます。

（三井和夫）

柑橘類の育て方のコツ

柑橘類は「自然農」にうってつけ

柑橘類は、品種によって程度の差はありますが、全般的に乾燥に強く水はけのよい土地を好み、生命力も強いので、自然農で育てる果樹としてうってつけの作物です。

ですから、耕さず、農薬・肥料を必要とせず、草や虫を敵としないという自然農の理を基本にすえた上で、「その土地の気候風土や自然環境に添い、応じ、個々の作物の性質に従い、まかせる」（『自然農への道』川口由一編、創森社）といった視点が大切です。

もちろん、気候風土は人の力では変えることはできませんので、任せるためには、「適地適作」といったことが欠かせません。

それぞれの柑橘の特性を知り、その土地に適した品種を選択することができれば、ある程度放任栽培に近いものになったとしても、柑橘類はたくましく育ってくれます。

剪定はホルモンの働きを理解して

もちろん、育てていく中で必要な手助けもあります。例えば、枯れ枝はこまめに剪定する、剪定は枯れ込みを防ぐためにも、きれいに落とすことが大切です。

この剪定のやり方など柑橘類の育て方の重要なポイントを具体的に学ぶには、『高糖度・連産のミカンつくり』（川田建次著、農文協）が最も参考になります。

川田さんが言われている「作物は肥料でなくホルモンで動く」（『現代農業』２００９年8月号より8回シリーズ）ということと、それを応用した切り上げ剪定は、自然農の考え方にも通じるものであり、健康な樹を育てるためにもとても大切な視点です。

ぜひ、ジベレリンやサイトカイニン、オーキシン、エチレンといった植物ホルモンの働き**（次頁の図参照）**、それとチッソ肥料などとの関係も理解した上

作物は植物ホルモンで動いている

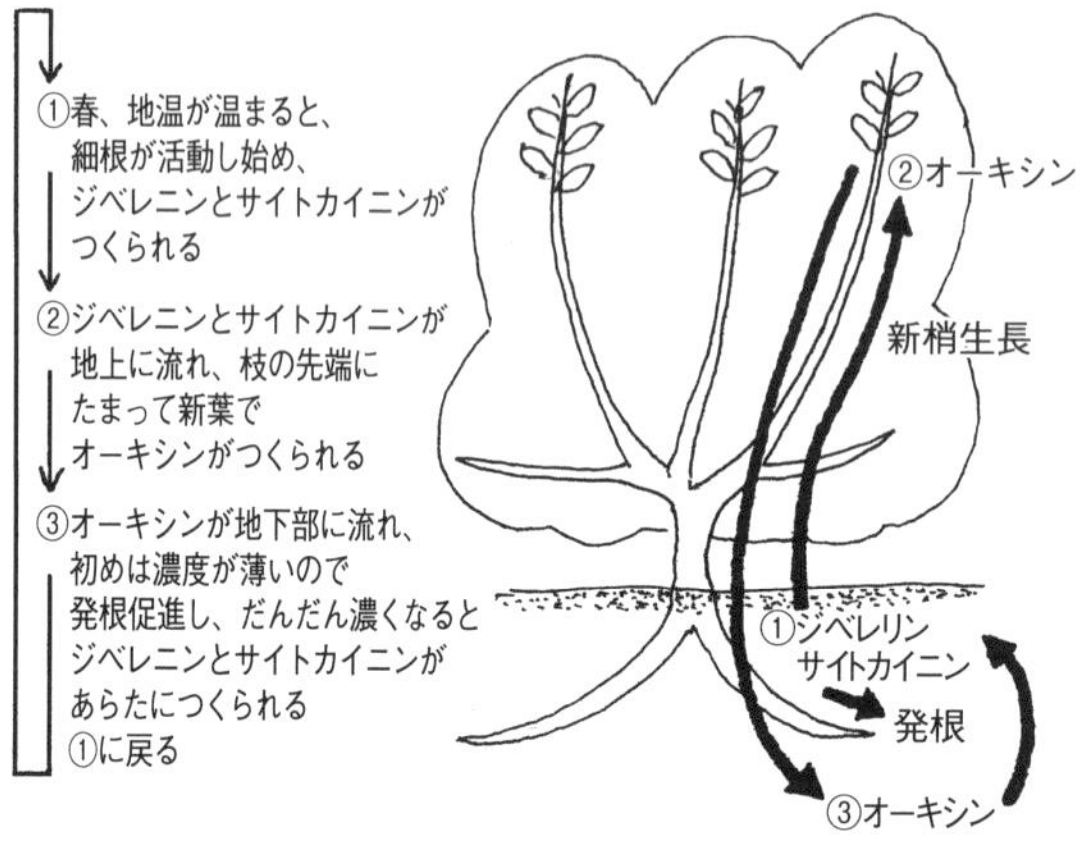
①春、地温が温まると、
細根が活動し始め、
ジベレニンとサイトカイニンが
つくられる
②ジベレニンとサイトカイニンが
地上に流れ、枝の先端に
たまって新葉で
オーキシンがつくられる
③オーキシンが地下部に流れ、
初めは濃度が薄いので
発根促進し、だんだん濃くなると
ジベレニンとサイトカイニンが
あらたにつくられる
①に戻る
②オーキシン
新梢生長
①ジベレリン
サイトカイニン
発根
③オーキシン

出典：「現代農業」2010年8月号（農文協）

で、その技術を習得してください。

果樹は常に変化していることを忘れずに

「すべては変化のうちにある——畑も私も常に変化し同じ状態にはない」（『自然農の野菜づくり』川口由一監修、高橋浩昭著、創森社）といった、ごく当たり前のことを忘れずに、その場や果樹のそのときの状態に的確に応じていくということも大切です。その際、収量や収益などに囚われてしまわないようにすることは言うまでもありません。そのためには、健康な樹を育てる（全ての面において問題を招かない）という一番大切な目的を忘れずに、畑や果樹の様子をしっかりと見ることが肝心です。

　私も初期の頃に、レモンやハッサクの実がなりだしたばかりの若木を、テッポウムシの食害によって枯らしてしまったことがありますが、それなどはこまめに樹を見ることで防ぐことが可能だったと思っています。

　また、なんらかの問題が生じた際には、例えば不必要な施肥など、往々にしてそれを招いた原因があるものです。そのようなことに陥らないためにも、「いのちを大切にする農の心で畑に立ち、足るを知るなかで心豊かに美しく平和に、そして誠実に、労を惜しまず、生活を創り上げてゆく」（前出『自然農への道』）といった心持ちが大切です。（勇惣浩生）

収穫のポイントと保存・加工

成熟と収穫期

多くの果物は、収穫後にも成熟していきます。果実は基本的に、樹になったまま完熟させたものを収穫しますが、出荷を目的とした栽培では、輸送期間に追熟させて食べ頃になるように、完熟させないうちに収穫する場合もあります。

また、キウイフルーツや西洋ナシのように、樹になったままでは完熟しない性質を持っているものもあります。これらは収穫後に一定期間おいて追熟させる必要があります。

収穫の方法

待ちに待った収穫は、夏場であれば涼しいうちに、果実が冷えた状態のときに行います。果実に熱がこもると、収穫後に傷みやすくなってしまいます。

リンゴは実をひねる

ブドウは果梗をはさみで切る

収穫するときは、樹を痛めないように収穫します。リンゴなどは実をひねったり、回したりすれば簡単に取れますが、ブドウなどの傷みやすいものは、そっと手に乗せるようにして果梗《かこう》（枝と実をつなぐへたの部分）をはさみで切って収穫します。

収穫後の保存

完熟したものを収穫したら早めに食べるのが基本ですが、食べきれない場合は、乾燥しないように新聞紙やポリ袋などに包んで、冷蔵庫や涼しい場所に

さわやかな香りのユズジャム

食生活に欠かせない梅干し

梅酒は日本が誇る最高のリキュール

お茶用に加工したミカンの皮

置いておきます。追熟が必要なものは、常温で保存します。

多くの果物はエチレンガスを出して自らの成熟を促しますが、このエチレンガスは一緒に置いてある野菜などにも影響を及ぼすことがあります。特にリンゴはエチレンガスを多く出すため、他のものと一緒に保存しないほうがよいでしょう。

生食と加工

自然農の果樹づくりは、なにより安心・安全の食材であることが強みです。収穫した果実は、生食で自然の味、旬の味を堪能するのはもちろん、ホームメイドのジャムやマーマレード、ピール、ジュース、シロップ、コンポートなどに加工しても楽しめます。季節の材や香りを濃縮したり封印したりする果実加工に取り組み、手づくりの楽しさを満喫するとともに、食生活を豊かにしていきたいものです。

（三井和夫）

必要な用具と資材

必要な用具と資材

自然農は果物づくりにおいても、特別に必要な用具や資材はありません。

- **植えつけ**　植え穴を掘るためのスコップや鍬、水やりのためのバケツ、支柱（割り竹など）、切り戻しのための剪定ばさみなど。
- **剪定**　剪定ばさみ、剪定ノコギリ、高枝切りばさみ、脚立など。
- **下草刈り**　昔から使われてきた草刈り鎌、山林や土手の下草刈りに使われてきた大鎌（長柄鎌）。これに剪定ばさみ同様に砥石も必要です。
- **病害虫、鳥獣害対策**　針金、千枚通し、霧吹き、袋かけ用の袋、防鳥ネットなど
- **その他**　収穫物を入れたりするかご。さらに用具や資材、収穫物を運んだりする一輪車など。

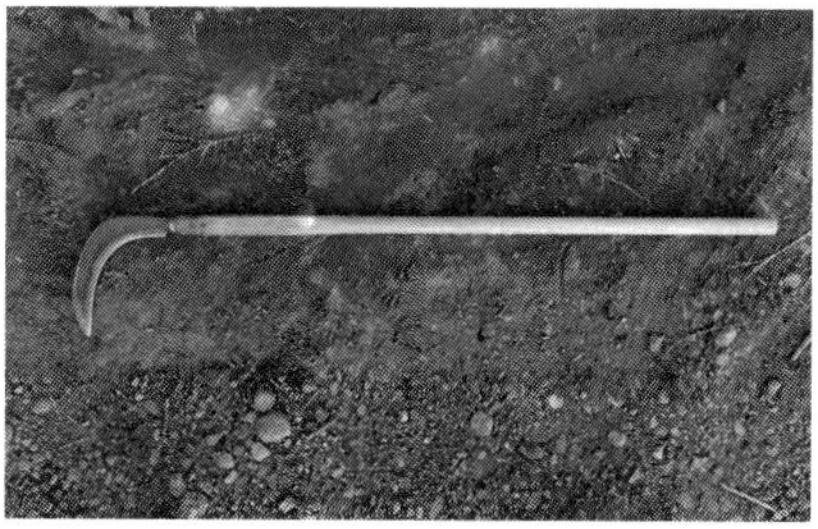

下草刈り用の大鎌（長柄鎌）

砥石（中砥と仕上げ砥）

用具の選び方と手入れ

- **剪定ばさみ**　手の大きさによって使い勝手が変わりますので、自分の手に合うものを選びます。持ち歩きやすいように、ベルトなどにつけるケースがついているものがよいでしょう。

使い終わったら常に汚れを落とすように心がけ、切れ味が悪くなったら、市販の砥石を使って研ぐようにします。両面の砥石で、軽く小さなものが使いやすい、といえます。

脚立にのり、混みすぎた枝を切る

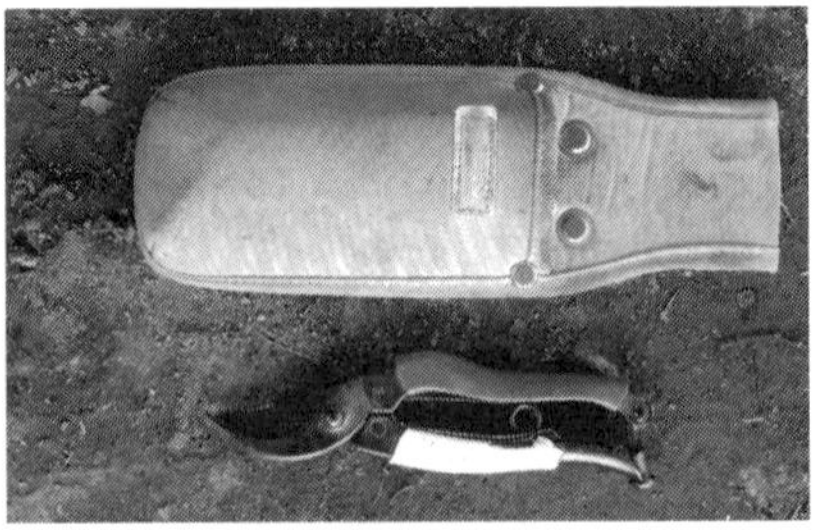

剪定ばさみは果樹園の必須用具

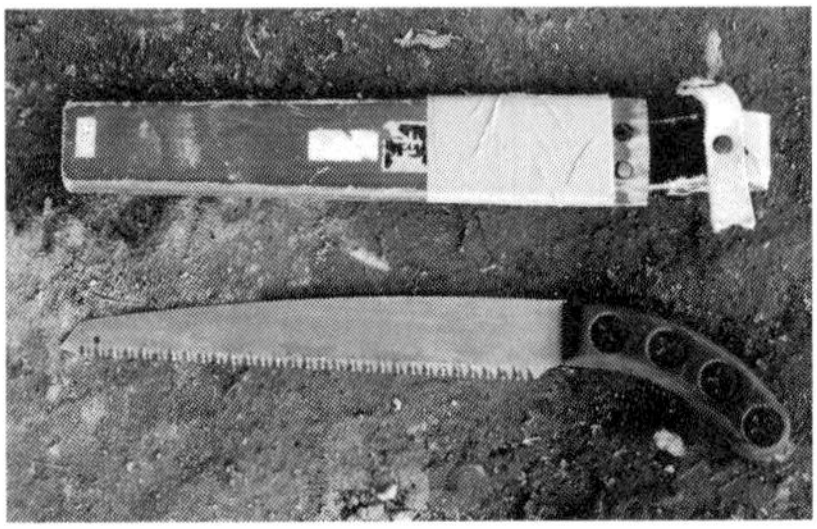

太枝や枯れ木を切る剪定ノコギリ

・剪定ノコギリ　軽くて扱いやすいものを選びます。歯の細かさによって、細い枝、中くらいの枝、太い枝用と3種類もあったらよいでしょう。また、両刃のものは他の枝を傷つけてしまうので、片刃のものを選びます。使い終わったら洗って乾かし、食用油を塗り、布でふき取っておきます。切れ味が悪くなったら、目立て用のやすりを使って目立てをするようにします。ステンレス製のノコギリならば、ダイヤモンドヤスリを使います。

・脚立　移動させることが多いので軽くて丈夫なもの、また土に潜らないような脚のものを選びます。できれば斜面でも安定する、三脚のものがよいでしょう。高さもいろいろありますが、2mくらいの高さのものが適当でしょう。最上段での作業は不安定なので、作業するときは一段下までで行うようにします。傾斜地で三脚の脚立を使用する場合は、必ずステップがついているほうの脚が下にくるようにセットします。一本足を下方にセットすると、不安定になります。

（三井和夫）

第2章

自然農による果物づくりの実際

収穫間近のキンカン（兵庫県淡路市）

バラ科　落葉小高木

アンズ（アプリコット）

素顔と栽培特性

中国華北が原産で、日本では平安時代の文献に載っているほど古くから栽培されています。また、江戸時代に信州松代藩が漢方生薬の杏仁《きょうにん》を生産するために苗木を配布したことから栽培が広まったともいわれています。

植えてから3～4年で結実します。冷涼で雨の少ない環境での栽培が適していますが、日本では極寒地を除けば各地で栽培が可能です。

主要な品種は自家結実性が高く1本でも実がなりますが、基本的には自家結実性は低いので、確実に実をならせるには数品種を混植するか、近縁で容易に交雑するウメやモモ、スモモと混植するとよいでしょう。

種類・品種

中国から日本に直接伝わってきた日本アンズと、ヨーロッパに伝わったヨーロッパアンズがあります。

日本アンズは酸味が強く、裂果しにくく育てやすいのが特徴です。ヨーロッパアンズは甘みが強いのが特徴ですが、乾燥地帯で改良されたので、雨の多い日本では裂果が多く、あまり栽培に適しません。

現在、日本で栽培されている品種には、日本での栽培に適するよう日本アンズとヨーロッパアンズを交雑させた、甘みの強いものもあります。

日本アンズの平和、新潟大実《おおみ》、山形3号は、ジャムやシロップ漬けに向いています。ヨーロッパアンズとの交雑種である信州大実、信陽、広島大アンズは酸味が少なく、生食に向いています。また、ヨーロッパアンズにはゴールドコット、ハーコット、チルトンなどがあります。

作業暦　○植えつけ　✣開花　××整枝・剪定　▒収穫

	1月	2月	3月	4月	5月	6月	7月	8月	9月	10月	11月	12月
植えつけ	○○○	○○○	○○○									○○○
開花			✣✣	✣✣								
収穫						▒	▒					
整枝・剪定	×××	×××	×××					×××				×××

アンズの成木。混み合う部分についても間引き剪定が必要

球形の果実を結ぶアンズ（平和）

黄色に熟し、芳香をただよわせる

私の場合は平和を植えています。

植えつけ

湿気が多く、かつ水はけがよく日当たりのよい場所が適しています。暖地では初冬、寒地では春の発芽前に植えつけます。

植えた後は、根とのバランスを取るために、3分の1~3分の2の高さに切り戻します。

整枝・剪定

夏には、日当たりがよく、風が通るように間引き剪定をします。日当たりが悪く、風も通りにくくなると、黒星病が発生します。また高さ10mにもなりますから、手入れができる高さに抑えるようにします。

アンズの実は、30㎝以上の枝に結実することはほとんどなく、2年枝で20㎝以下の短果枝にたくさんつきます。実を多くつけさせるためには、冬に、長く伸びた枝を3分の1から4分の1ほど切り戻し剪定して、翌年に短果枝が発生するようにします。

弱った短果枝は間引き剪定します。

私のところでは植えつけ時に切り戻したものの、その後枯れ枝を取るくらいしかしなかったので、枝が伸び放題になり、黒星病が発生してしまいました。手入れ不足を痛感しています。

下草の管理

3～4年生になるまで、下草におおわれないように刈り取り、その場に敷きます。

摘果

5月上旬～下旬頃、実が小指の先くらいになったときに、収穫時に実が触れあわなくなる程度（約5cm間隔）に摘果します。

むらなりでもさほど気にしなくてもよいのですが、一カ所にあまりにも多くの実がついた場合は形のよい実を残して摘果します。

病害虫対策

果実に黒い斑点ができて裂ける黒星病が発生することが多々あります。黒星病にかかった実を見つけたら、取り除きます。

果実の収穫

果実が橙黄色に熟し、少し柔らかく、食べてみて酸味が少なく甘みが強くなったら、収穫適期です。果実に熱がこもると傷みやすくなるので、日中を避け、朝夕の涼しいときに収穫します。

熟して落下した果実も、すぐであれば虫が入ることもなく十分食べられます。

楽しみ方

アンズは生食はもちろん、ジャムや果実酒にしても楽しめますが、種子を割って中の仁を取り出し、乾燥させれば漢方生薬の杏仁となります。杏仁はカビたり虫に食べられたりしやすいので、しっかり乾燥させ、冷蔵庫で貯蔵します。杏仁《あんにん》豆腐の原料として知られていますが、そのまま食べてもおいしいものです。

（三井和夫）

バラ科　落葉小高木

スモモ（プラム）

素顔と栽培特性

原産地は中国、ヨーロッパ東南部、北アメリカで、日本でも中国から渡来して古くから栽培されており、モモに比べて酸味が強いことからスモモと呼ばれています。

現在、日本で栽培されている日本スモモの品種は、19世紀に中国や日本からアメリカに渡って品種改良され、逆輸入されたものです。日本スモモの多くは自分の花粉だけで実を結ばないので、授粉樹が必要です。

植えてから3～4年で結実します。比較的寒さに強く、北海道から九州まで栽培できます。若木のうちは、花の咲く時期に霜に当たると実がつかないこともありますが、成木になると霜の影響は少なくなります。

種類・品種

欧州系のスモモと日本スモモがあります。欧州系は冷涼で雨の少ない気候を好むため、雨が多く夏に暑いところでは日本スモモのほうが適しています。

欧州系の品種の多くは自家結実性が高く1本でも実がなりますが、日本ス

収穫期のスモモ

たわわに実をつけたスモモ（ソルダム）

作業暦　○植えつけ　✿開花　××整枝・剪定　▨収穫

	1月	2月	3月	4月	5月	6月	7月	8月	9月	10月	11月	12月
植えつけ	○○○	○○○	○○○									○○○
開花			✿✿	✿								
収穫							▨	▨				
整枝・剪定	×××	×××										×××

モモの多くは前述のとおり自家結実性が低く、1本では実がなりません。日本スモモの大石《おおいし》早生、ソルダム、太陽などを植える場合は、数品種を混植するか、近縁で容易に交雑するウメやモモ、スモモとの混植が必要です。日本スモモでも、ビューティ、サンタローザなどは自家結実性が高く1本でも実をつけます。

私のところでは、大石早生とソルダムを植えています。大石早生は7月初めに、果肉が赤く甘酸っぱい実をならせます。ソルダムは7～8月、果皮は緑がかった赤色ですが、果肉は赤色で、甘酸のほどよい実をならせます。

植えつけ

日当たりがよく、風当たりが弱いところが適しています。水はけのよい砂質の土を好みます。

暖地では年内に、寒地では3月頃の芽が動きはじめる前に植えつけます。

植えた後は、根とのバランスを取るために、3分の1～3分の2の高さに切り戻します。

整枝・剪定

夏には、日当たりがよく、風が通るように間引き剪定をします。日当たりが悪く、湿気がこもるようになると、灰星病が発生します。また高さ10mにもなりますから、手入れができる高さに抑えるようにします。

スモモの実は、30cm以上の枝に結実することはほとんどなく、2年枝で20cm以下の短果枝にたくさんつきます。実を多くつけさせるためには、冬に、長く伸びた枝を3分の1から4分の1ほど切り戻し剪定して、翌年に短果枝が発生するようにします。弱った短果枝は間引き剪定します。

私のところの30年を過ぎた大石早生は、樹高が5mを超えて手入れが行きとどかなくなり、ここ5年くらい収穫が減ってしまっています。

下草の管理

3～4年生になるまで、下草におおわれないように刈り取り、その場に敷きます。

摘果

実がつきすぎたら摘果が必要な場合もあるでしょうが、私の場合はあまりしません。

病害虫対策

果実の表面に黒色や褐色の斑点ができる灰星病が発生することがあります。灰星病にかかった実を見つけたら、取り除きます。

アブラムシの他、ゾウムシ、コスカシバ、カイガラムシなどがつきます。虫が樹の中に入ったら、モモと同じようにゼリー状の樹液を出すので、すぐにわかります。見つけたら取り除きます。

スモモ（大石早生）の青い実

果実の収穫

私のところの大石早生の収穫は、6月下旬から7月です。

少し早いものは実がしっかりしていて酸味がありますが、完熟すると実が柔らかくなり、酸味が抜けてとても甘くなります。収穫期には1日のうちでも味、色ともに急激に変化します。樹下でかぶりつくうまさは極上で、たまりません。

ひと口メモ

4月、サクラの花と時期を同じくしてスモモの白い花が樹一面をおおい、風に乗っていい香りがします。我が家ではウメに続いて、スモモ、そしてモモ、アンズと咲き続きます。花吹雪も美しいので、それだけで十分楽しませてくれます。

（三井和夫）

バラ科　落葉小高木

プルーン

素顔と栽培特性

ヨーロッパ系のスモモをプルーンと呼びます。植物としては日本スモモとほぼ同じで寒さに強く、高温乾燥にも強いので、霜さえ当たらなければ日本各地で栽培が可能です。日本スモモと比べて自家結実性が強く、１本でも実をつけます。

種類・品種

自家結実性が強く、実は小振り（40～50g）だが豊産性なのがスタンレイやシュガー、サンプルーンです。

また、自家結実性がやや弱いが大玉の実（１００g前後）をつけるプレジデントやバーバンクサンタス、パープルアイなども知られています。

植えつけ

日当たりがよく、風当たりが弱いところが適しています。水はけのよい砂質の土を好みます。

温暖地では11～12月、寒冷地では３～４月に植えつけます。

植えた後は支柱をそえ、50～60cmになるように切り戻し、水はたっぷりと与えます。

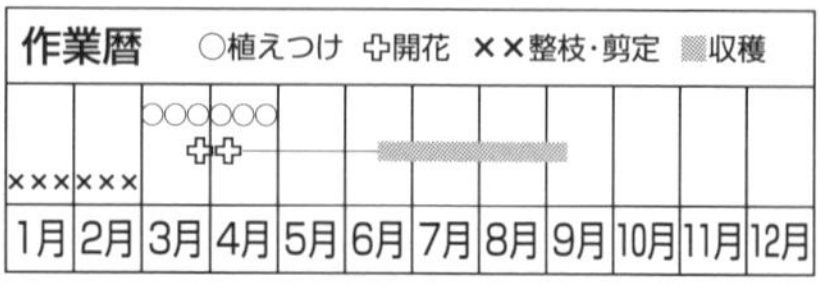

整枝・剪定

夏には、日当たりがよく、風が通るように間引き剪定をします。また高さ10mにもなりますから、手入れができる高さに抑えるようにします。

スモモと同様に、30cm以上の枝に結実することはほとんどなく、２年枝で20cm以下の短果枝にたくさんつきます。

実を多くつけさせるためには、冬に、長く伸びた枝を３分の１から４分の１ほど切り戻し剪定して、

高さを抑えたプルーンの樹形

鉄分、ビタミン、食物繊維が豊富なプルーン

翌年に短果枝が発生するようにします。弱った短果枝は間引き剪定します。

摘果

生理落果が終わった頃に、10〜15cm間隔になるように摘果します。

病害虫対策

アブラムシや灰星病、黒星病に注意します。

果実の収穫

完熟前に収穫すると酸味が残ります。完熟の目安は、よく耳たぶほどの柔らかさといわれます。果実が濃く色づき、柔らかくなるまで完熟させてから収穫します。

プルーンは輸送に弱いこともあり、市場に多く出回らないだけに、自分で手がけて甘い完熟果にして生食を楽しむことができる果物ともいえましょう。

（美斉津育夫）

バラ科　落葉高木

ウメ

素顔と栽培特性

日本や中国原産で、古くから花の観賞用として栽培されてきました。果実を目的に栽培されるようになったのは江戸時代の中期、本格的に果樹として栽培されはじめたのは大正時代からです。

昭和37年（1962年）に酒造法が改正されて家庭で梅酒がつくれるようになってから生産が急増し、数多くの品種もつくられています。

植えてから3～4年で結実します。乾燥気味の気候を好みますが、気候条件や土壌条件に対する適応性が高く、樹勢も強いので、各地で土地の風土、気候に合った品種が栽培されています。

自家結実性の高い甲州最小などの品種は1本でも実がなりますが、自家結実性の低い南高《なんこう》や白加賀《しらかが》などは、数種類を混植、または接ぎ木する必要があります。

種類・品種

現在、日本国内では100種類前後の実の収穫を目的としたウメの品種が栽培されているそうです。主な品種には次のようなものがあります。

小粒品種

・**甲州最小（小ウメ）**　5gほどの小さな実をつける小粒種。梅干しやカリカリ漬けに向く。自家結実性が高く1本でも実をつける。熟期は5月下旬～6月上旬。

中粒品種

・**南高**　25～30gの中粒種。梅干し用として最も人気が高い。果皮は薄く、種は小さい。実の量は多いが、自家結実性が低く、混植が必要。熟期は6月中旬～下旬。

・**鶯宿《おうしゅく》**　25～30gの中粒種。肉厚で梅酒に最適。自家結実性が高く1本でも実をつける。四国や九州

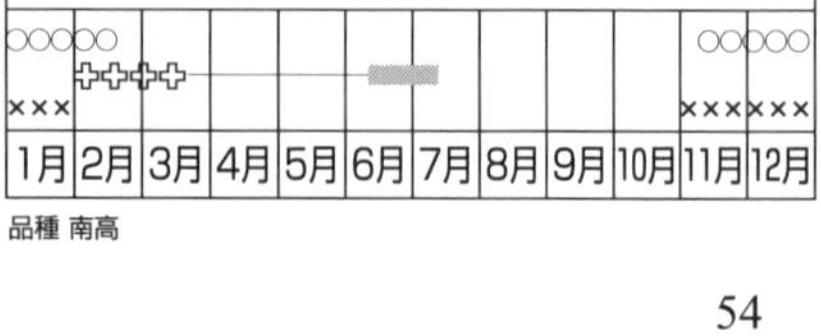

品種 南高

に多い。花は淡紅色で観賞用としても人気が高い。熟期は6月中旬～下旬。

大粒品種

- **豊後**《ぶんご》　50～80ｇの大粒種。自家結実性が高く1本でも実をつける。東北や信州などの寒冷地に多い。実は繊維が多く粗いが、花が美しく庭木としても人気。熟期は6月中旬～下旬。
- **白加賀**　30～40ｇの大粒種。江戸時代から広く栽培されており最も生産量が多い。果肉が厚く、梅酒にも向く。自家結実性が低く、混植が必要。熟期は6月中旬～下旬。

赤く熟した南高

南高の収穫果

さて、私の町、和歌山県みなべ町にある母樹を選抜し、増やしてきた南高は、食味に優れた大果が収穫でき、知名度も高い品種です。

他県の気候風土が似た地域でも栽培され、苗木も広く出回っているようですが、病害虫防除を行わずに果実の美しさや香りや味などの品質を求めるのであれば、栽培適地はそう広くないのではないかと感じます。

実際に同じみなべ町内でも、南部川を8㎞ほど遡ったところの樹園地では、防除なしの場合は黒星病やかいよう病の発生が結構見られます。

ウメは地方品種が多くあるので、栽培される場合は南高にこだわらず適地適作を基本にして、地域で栽培されている品種を選ばれるとよいでしょう。

ここでは、南高をもとに育て方、楽しみ方のポイントを紹介します。

植えつけ

苗木は接ぎ木部分がしっかりしている2年生（1

南高の植えつけ（12 月）

春に元気よく芽吹く（5 月）

年生も可）のものが望ましい。過湿に弱いので水はけのよい土壌に植えます。平地の場合は、高畝にして植えるとよいでしょう。

接ぎ木部は必ず地上部に出して植えつけ後はたっぷり水を与えます。1年生なら地上から60〜80㎝で切り返し、2年生であれば40㎝程度に切り返した主枝を2〜3本残し、他の枝は全て切り除きます。

根元の保湿もかねて藁や刈った草を敷いておくのもいいでしょう。根が十分活着するまでは、伸びた枝が風に吹かれて揺れないように支柱をしてやるのも一つの方法です。

整枝・剪定

樹形は開心自然形を基本とします。主枝は2〜3本、亜主枝は主枝に対して2〜3本が基本です。私は青ウメの収穫が主体の経営なので、収穫のしやすさを考えて2本主枝の樹形づくりをしています。

ウメは栄養成長が強いので、徒長枝が多く発生します。今までの教科書的な剪定だと、主枝や亜主枝を残して背面から出た徒長枝は全て切り除くのが一般的なやり方ですが、ホルモン活性を考慮した考え方で、例えば徒長枝と徒長枝の間隔を60～80cm程度になるように徒長枝を間引くのも理にかなった方法です。

ウメは大胆に剪定をしても花がなくなることは少ないので、古くなった横枝は切り戻して更新し、内向きに伸びる枝や同じ方向に伸びる枝、交叉したり下に伸びている枝は間引いて樹形を整えましょう。また、主枝・亜主枝の確立を図りながら、先端は1本とし、必ず切り返します（図参照）。

剪定前の若木。徒長枝が多い

剪定後の若木。すっきりした姿になっている

ウメの成木の剪定ポイント

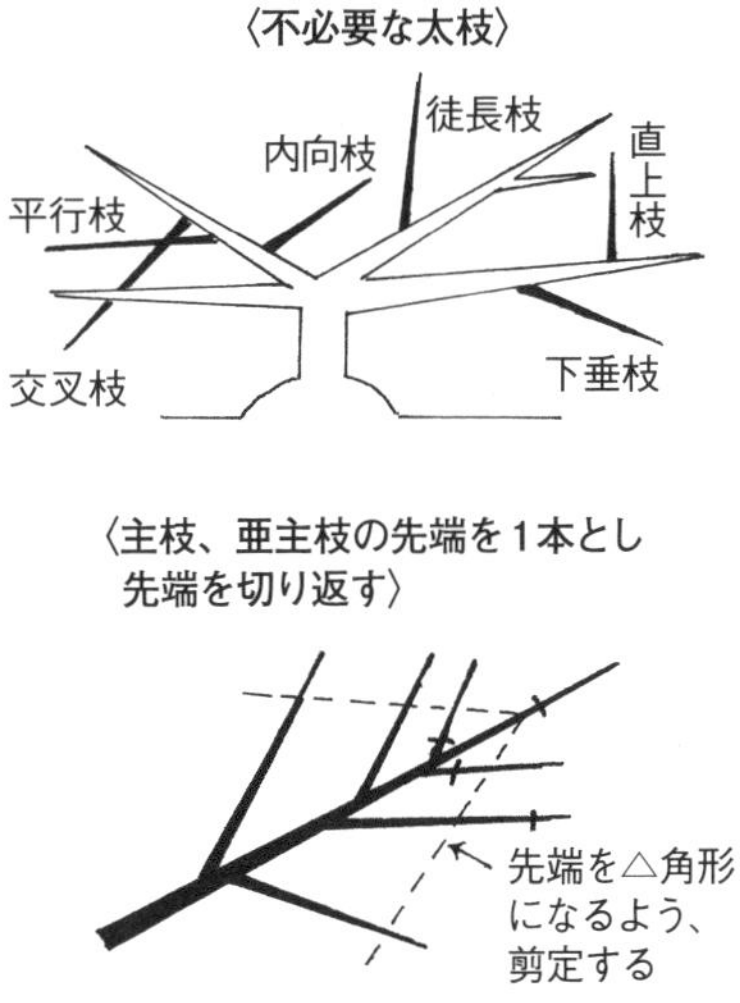

出典：「JAみなべいなみ情報誌・みい」
（みなべいなみ農業協同組合）

若年生の間は特に、強い風で徒長枝が根元から欠けることがあります。それを防ぐには、5月頃に主枝候補の枝をあらかじめ40cmぐらいに切り返しておくのもいい方法です。

ただし、自給用に菜園や庭の一隅に植えられたものならば、適度に混みすぎた枝を間引く程度で、強い剪定をしなくても問題ありません。

水やり

あまり土が乾きすぎると、葉が縮れて発育不良の原因になったり、実が縮れて落ちてしまうことがあります。

地方によっては、5月の収穫前や夏場などに水やりが必要になる場合がありますので、樹の状態をよく見て的確に対応しましょう。

土が乾きすぎるのを防ぐとともに、微生物や酵素の働きを活発化させるのに、敷き藁は効果的です。ただし、生ゴミや青草なども含めて、他所から持ち込みすぎると、養分過多の原因となりますので、注意が必要です。

下草の管理

私は管理作業との兼ね合いを考え、春に幹の周りを中心に1回、実の収穫前に1回、夏場に1～2回、剪定前に1回、年間を通して4～5回の草刈りを行い、刈った草はその場に敷いています。

ただし、自給用に菜園や庭の一隅に植えられたもののならば、樹下の草々もできるだけ一生を全うして生死に巡るように草刈りを最低限度にするほうが、果樹も健康を維持しやすいと思います。

前年の徒長枝についたウメの実

収穫適期の南高

落ちウメ対策に園地にネットを敷いておく

病害虫対策

春から夏にかけて、新梢にアブラムシがつくことがあります。発育不良の原因にはなりますが、無施肥を続けるとだんだん被害は軽減されてくると思います。

また、カイガラムシが幹や枝に大量についた場合は、ブラシなどでこすり落としてやるのもいい方法です。こちらも年を経るにつれて軽減してくると思います。

収穫したばかりの南高

収穫期から夏場にかけて、アメリカシロヒトリというガの幼虫が大量発生することがあります。初期は白い袋状の網の中に固まって発生するので、枝ごと取り除いて処分することで対応できます。

果実の収穫

梅酒や梅シロップに利用する果実は、青ウメで収穫します。梅干しや梅ジャムにする場合は、黄色く熟したものを摘み取るとよいでしょう。

当地の梅干しづくり農家では樹園地全体にネットを敷き、完熟の落ちウメを拾って漬け込みます。

落ちウメは地面に触れたままだとケシキスイという虫が入りやすいので、必ず毎日拾い、漬け込む前に30分以上水に漬けてケシキスイの混入を防いでいます。

（勇惣浩生）

楽しみ方

青ウメのシーズンが終わりになると、今度は黄色やオレンジ色の完熟したウメの実が登場します。青ウメや梅ジュースをつくったあとのウメでつくるジャムがさわやかな風味なのに対し、完熟ウメのジャムは香り高く、深い味わいがあります。地元の梅料理研究会による梅酒（『産地発 梅クッキング』創森社）のつくり方とともに紹介しましょう。

●梅ジュースの梅ジャム

〈材料〉

梅ジュースをつくったあとのウメの実、砂糖（梅肉の8～10割）、レモン汁（1／2個）

〈つくり方〉

①ウメをホウロウ鍋に入れ、水を加えて煮る。

②果肉が柔らかくなってきたら、万能こし器でこし、種を取り除く。これを裏ごしすると、なめらかなジャムができる。

③梅肉をホウロウ鍋に戻し、梅肉の半量の砂糖とレモン汁を加え、少し煮る。残りの砂糖を好みの甘さになるまで加え、混ぜながらさらに煮詰める。

④冷めたら保存ビンなどに入れ、冷蔵庫で保存する。

＊ちなみに梅ジュースのつくり方ですが、まず青ウメを水洗いし、へたを取り除いて水けを取り、冷凍庫で一晩凍らせてからビンに入れ、氷砂糖を加えて漬けます。5～7日で果汁が出るので、冷水で好みに薄めて飲みます。

●完熟ウメのジャム

〈材料〉

完熟ウメ1kg、砂糖800g～1kg

〈つくり方〉

①ウメを水洗いし、水けをふきとって竹串などでへたを取り除く。

②①をビニール袋などに入れ、冷蔵庫で凍らせる。

③ホウロウ鍋か土鍋に②を入れ、中火でしばらく煮る。果肉がとろけきったら種を全て取り除く。

④③に半量の砂糖を入れ、弱火にかけ、アクが出たら取り除きながらさらに煮詰める。残りの砂糖を好みの甘さになるように調節しながら加え、ときどき混ぜながら少しとろみが出るまでさらに煮詰める。

⑤冷めたら保存ビンなどに入れ、冷蔵庫で保存する。

＊なお、できあがりのジャムは、蒸し器で煮沸し

熟成した梅酒

水洗いをしたウメ

完熟したウメのジャム

たビンに入れるようにします。どのジャムでもビンの内部を完全に蒸気滅菌し、内部が陰圧（負圧）になった真空状態だと1年ほど保存できます。

●梅酒

〈材料〉

青ウメ1～1・5kg、氷砂糖600～800g、ホワイトリカー（35°）1・8ℓ

〈つくり方〉

①ウメの実を洗い、ざるに上げて水けを切る。

②竹串を使って一粒ずつへたを取る。

③熱湯消毒し、よく乾かした広口ビンに梅を入れる。

④氷砂糖を入れ、ホワイトリカーを注ぐ。

⑤密封して冷暗所で保存。半年くらいから飲めるが、1年以上熟成させたほうがおいしくなる。

＊1年を過ぎたら、液から実を取り出して保存するようにします。梅酒向きの品種は南高はもちろん、白加賀、豊後などで大粒、もしくは中粒で果肉が厚く、種の小さいものが適しています。

（勇惣木美）

バラ科　落葉小高木

モ　モ

素顔と栽培特性

モモは中国原産。日本には弥生時代に渡来したと考えられていますが、現在、日本で栽培されている品種は、明治時代に中国やアメリカ、ヨーロッパから導入されたものを改良したものです。

樹高は３ｍ程度にしかならず、植えてから２～３年くらいで結実し、7年くらいで成木になります。盛果樹齢は約25年とされています。

スモモほど耐寒性がないので北海道での栽培は難しく、また、冬に低温にあわないと花芽がつくられないことがあるため、沖縄県など冬に暖かすぎるところも適地ではありません。耐乾性があり、耐水性は弱いので地下水位が低く、通気性のある土が適しています。

半月後に収穫予定のモモ（白鳳）

袋をかけ、しっかり実を包む

種類・品種

モモは世界で５０００種も品種があるといわれており、果皮に毛のあるモモ、毛のないネクタリン、果実が押しつぶされたような形をしているバントウの3種に大別されます。

早生から晩生種まで様々ですが、早生のものは収穫期が梅雨と重なり実が落ちやすいので、梅雨明けに収穫期と

なる中生・晩生種のもののほうが収穫しやすく、病気や虫害も比較的少ないので栽培しやすいでしょう。また、自家結実性の低い品種もあるので、自家結実性の高い、１本でも実がなる品種を選ぶとよいでしょう。

品種は、早生種に武井《たけい》白鳳《はくほう》、ちよひめ、中生種に白鳳、あかつき、大久保、浅間白桃、大和白桃、晩生種に川中島《かわなかじま》白桃、愛知白桃、白桃、いずみ白桃、ゆうぞらなどがあります。

私は白鳳、いずみ白桃などを植えています。白鳳は７月中旬〜下旬に、完熟すると柔らかく甘い実をならせます。いずみ白桃は半矮性で、７月下旬〜８月にしっかりとした実をつけます。

檜の間に生えているモモ（白鳳の 15 年生）

植えつけ

日当たりがよい場所を選び、実が大きくなるので風当たりの強いところは避けます。水はけのよい砂質の土を好みます。また、連作障害が発生しやすいといわれているので、過去にモモが植えられていたところは避けたほうがよいでしょう。

暖地では晩秋に、寒地では春先に植えつけます。植えた後は、根とのバランスを取るために、３分の１〜３分の２の高さに切り戻します。

整枝・剪定

夏には、日当たりがよく、風が通るように間引き剪定をします。

モモの実は、前年に伸びた枝の腋花芽《えきかが》（腋芽が花芽であるもの）になりますので、実を多くつけさせるには、なるべく多くの枝を残すようにします。

私は、生きている枝はなるべく剪定せず、徒長した枝を切り戻したり、枯れ枝を取り除く程度しか行っていません。摘蕾、摘花も行いません。

下草の管理

基本的にあまり行わず、風通しの妨げになったり、袋かけの作業の邪魔にならない程度に5月中旬に下草を刈ります。2年目は7月中旬～下旬の収穫前に行います。

摘果・袋かけ

モモづくりの作業は、袋かけのときに集中します。袋かけをしないと、カメムシやモモチョッキリゾウムシ、スズメバチ、カナブン、カブトムシなどの虫、鳥や小動物に食べられてしまいます。

5月下旬に樹の様子を見ながら摘果をします。長い枝の先端に重い実がつくと、ぶらぶらして落ち着かないので中央部に残し、虫に食べられていない実、病気になっておらず大きく充実した実を残します。

摘果が済んだところから、袋かけをします。私は、実の様子がわかりやすいパラフィン紙の袋を使用しています。袋の口を開けて両側からしっかり実を包み、雨や虫が入らないように閉じます。実の横の葉は外に出しておきます。

古い枝を剪定

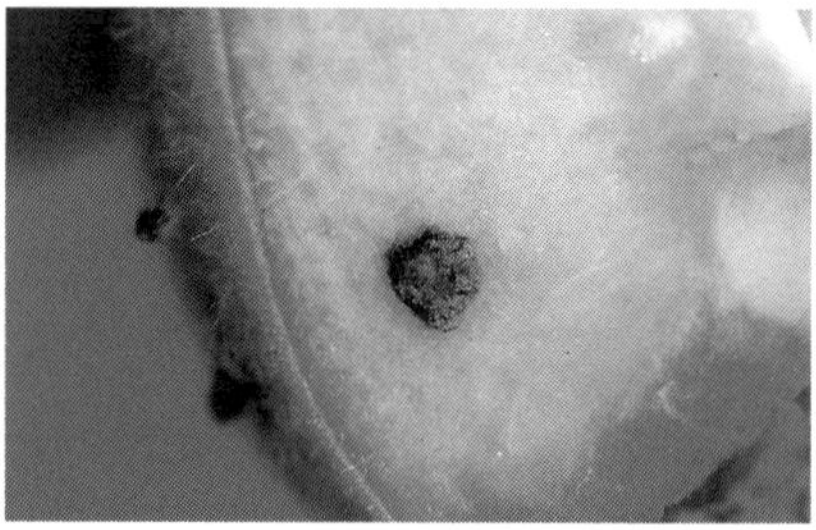

モモチョッキリゾウムシの被害果断面

病害虫対策

収穫期が近づく7月中旬～下旬には、チョウやガが袋の上からモモの果汁を吸いますし、鳥や小動物が袋を破いて実を食べたりもしますが、あまり被害を受けないならそのままにしておき、被害の程度に

モモの目標樹形例と芽・実のつき方

〈目標樹形の例（二本主枝）〉

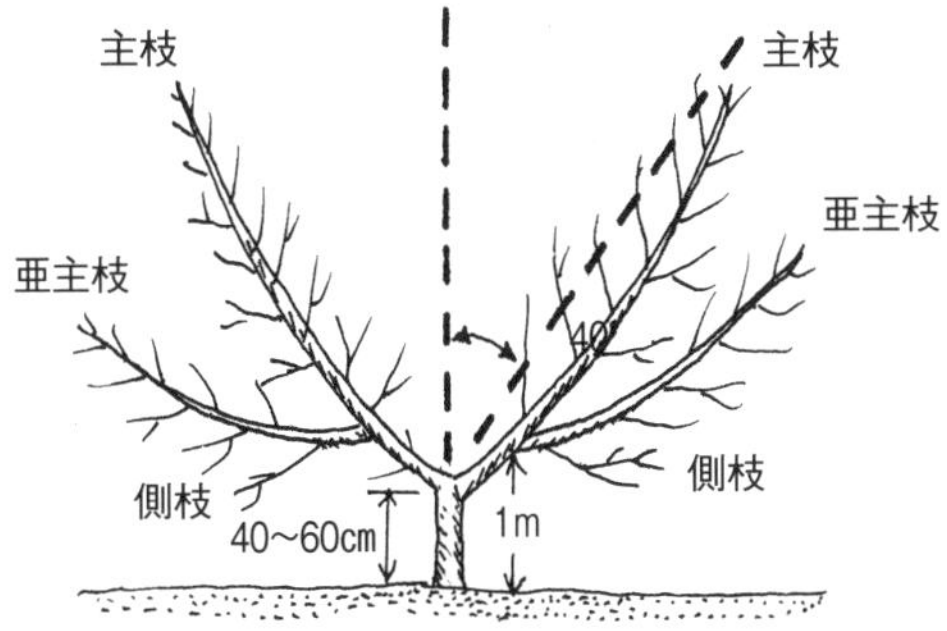

〈植えつけ〉

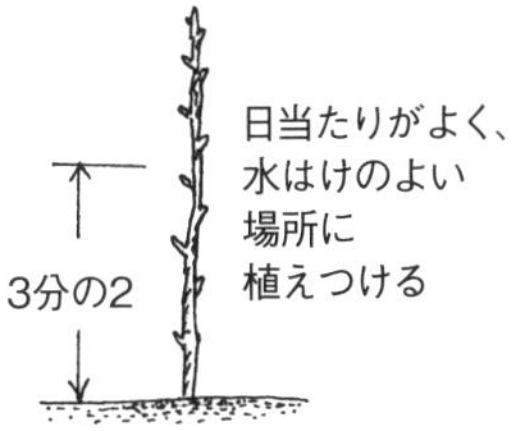

〈芽のつき方（花芽は丸みがあり、葉芽は細い）〉

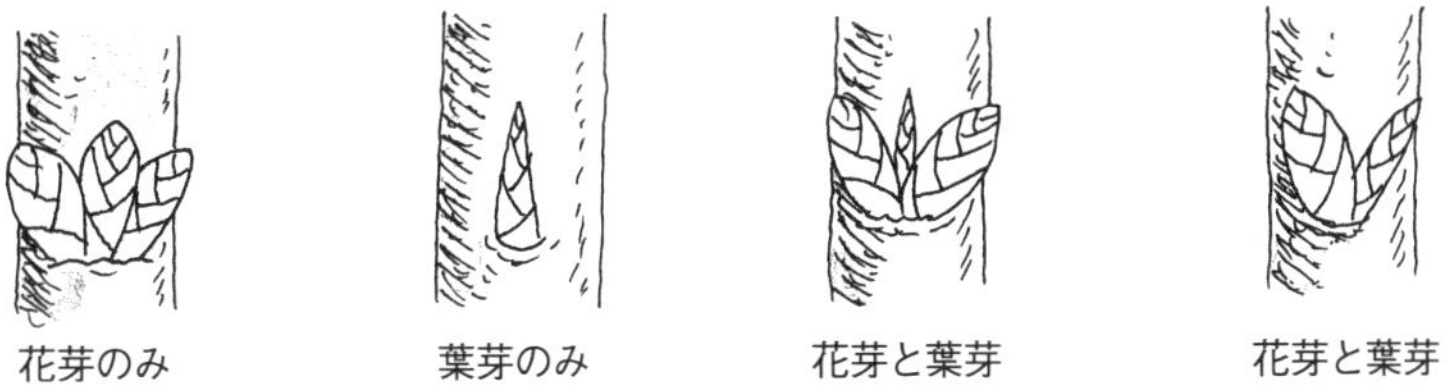

〈実のつき方〉

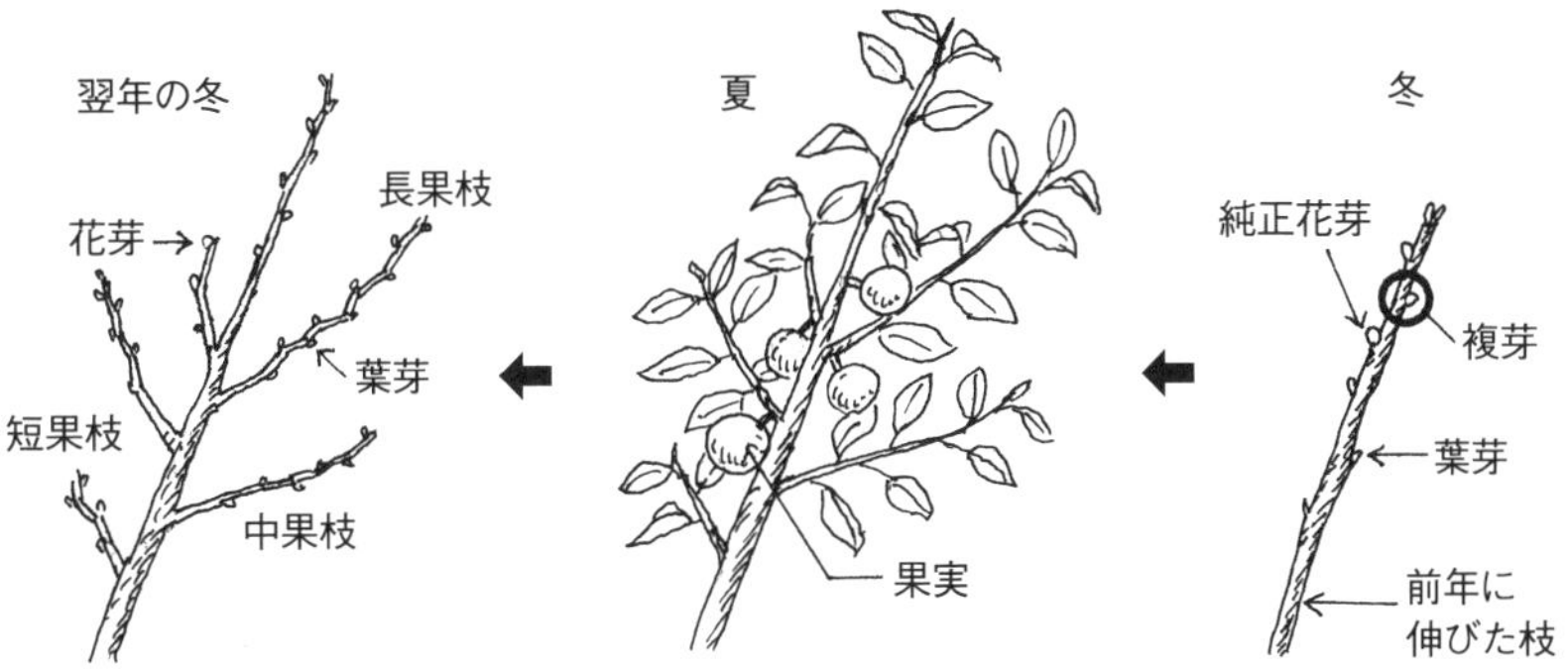

応じて対処します。

果実の収穫

袋の外から見て色づいているのがわかり、日の当たらない実の下側の緑色が薄くなったら収穫です。収穫適期の幅は、1本の樹で1週間から10日です。

実は熱がこもると傷みやすいので、朝早く涼しいときが採り頃です。また打ち身に弱いので、表面を痛めないようにていねいに手でひねって収穫します。

（三井和夫）

収穫したばかりのモモ（白鳳、7月下旬）

好みの甘さでつくったモモジャム

楽しみ方

袋をつけたまま持ち帰り、涼しいところで袋を取って並べると、桃色から赤、薄黄の様々な色どりに、ほれぼれしてしまいます。日持ちが悪いので、冷蔵庫に入れて、数日のうちに食べるようにします。

まずは生で食べ、ジュースやミルクセーキにしたり、痛んだり虫の食べかけのものは好みの甘さのジャムにしたり、シロップ漬けにして保存します。

●モモジャム

〈材料〉

モモ（適量）、砂糖（適量）

〈つくり方〉

①皮を剝いて果肉を切りとり、砂糖を入れて煮る。長く煮すぎると香りがなくなるので、できるだけ短時間で仕上げる。

②粗熱を取ってからミキサーにかける。

③モモはペクチンが少なくトロトロの状態だが、そのまま煮沸殺菌したビンに詰め、しっかりとフタをする。

（三井郁子）

バラ科　落葉高木

リンゴ

素顔と栽培特性

原産地は中央アジアの黒海とカスピ海にはさまれたコーカサス地方で、中国やヨーロッパに伝わり、約4000年前から栽培されたといわれています。現在日本で栽培されている品種は、欧米から、江戸時代末から明治時代に導入されたものが元になり、日本で様々に品種改良されてきたものです。

植えてから3年程度で結実します。寒さに強く、寒冷地での栽培が適しています。暖地でも栽培は可能ですが、冬は低温期が長くないと発芽や開花が悪くなる場合があるので、一年中温暖な地域での栽培には向きません。自然のままだと樹高は10ｍを超え、根も深く張ります。湿地は好まず、小雨でも保水性のある土壌が適しています。

種類・品種

リンゴは自家結実性が低く、同じ時期に花が咲く他品種との混植が必要です。苗木を購入する際は、品種間の親和性など、苗木の生産から販売までしている苗木商に相談されるのがよいでしょう。2本以上の植えつけが難しい場合には、他品種の枝を接ぎ木して、1本で2品種にすることもあります。

甘みと酸味のバランスがよいふじ

果実が肥大してきたつがる（6月下旬）

作業暦　○植えつけ　✤開花　××整枝・剪定　■収穫

1月	2月	3月	4月	5月	6月	7月	8月	9月	10月	11月	12月
○○○	○○○	○○○	✤✤	袋かけ □ ××	×××			■	■	■	

極早生種

・**祝**《いわい》（**アメリカンサマーペアメイン**）　暖地での栽培に向き、授粉樹として使われる。夏の青リンゴとして親しまれており、甘みが強く、未熟でも食べられる。熟期は7月中旬～下旬。

早生種

・**つがる**　樹勢が強く、育てやすい。実が大きく甘みが強い。熟期は9月初旬～中旬。

中生種

・**紅玉**《こうぎょく》　樹勢が強く、結実も多いが、病気に弱い。酸味が強く引き締まった果肉を持ち、保存性が高い。生食もできるが加工用に最適。熟期は9月下旬。

・**ジョナゴールド**　紅玉を親に改良された品種で、紅玉より甘みが強く、引き締まった果肉を持ち保存性も高い。生食にも加工用にも向く。熟期は10月上旬～中旬。

晩生種

・**ふじ**　国内外の総生産量1位の代表的品種。実が大きくて果汁が多く、味のバランスもよい。保存性も高い。暖地での栽培にも向く。熟期は11月上旬。

3本とも植えつけ5年目の紅玉

果皮がまだ青い色のままの状態

・**王林**《おうりん》　青リンゴ。独特の香りを持ち、果汁が多く甘みが強い。果肉は柔らかい。熟期は10月下旬。

矮性種

・**姫リンゴ**　直径2㎝ほどの小さな実をつけるが、食べられない。観賞用。

・**アルプス乙女**　ふじと姫リンゴが交雑してできたとされる、果実が25～50gの小さなリンゴ。アルプス乙女のことを姫リンゴと称することもある。樹高が2～3m程度にしかならないため、栽培が容易。熟期は9月下旬～10月上旬。

私は紅玉とつがるを植えています。

植えつけ

日当たりのよい、地下水位が低く保水力のあるところに植えつけます。風の通り道は避けるか常緑樹を植えるなどして、強い風が直接当たらないように工夫します。

春植えの場合は、接ぎ木部を埋めないように注意します。秋植えは、春になって接ぎ木部の土を取り除きます。接ぎ木テープは取り除きます。

脚立を用いての剪定作業

表土を裸にしないよう、根元には薄く、周囲は少し厚く敷き草をします。株元はこんもりと少し盛り上がった状態にしておきます。

根とのバランスがあるので、茎の高さを60～70㎝に切り戻します。

整枝・剪定

リンゴの花は2年目の枝の先端と脇に花芽がつき、3年目に花が咲きます。枝が上に伸びているときには花芽がつかないので、水平方向に枝を誘引して花芽の形成を早めることもあります。

私は樹形にはこだわらず、日当たりが悪くなるほど混み合っている枝や枯れ枝を取り除く程度の剪定を行っています。また2mの脚立で作業できる高さに樹高を抑え、手入れもしやすいようにしようとしています。

病害虫対策

4月中旬、展開葉とともに枝も伸びます。若木のうちに虫に枝を食べられると致命的になりますから、注意深く観察します。アブラカスなどを使うとアブラムシを呼び込むことにもなりますので、できるだけ他から持ち込まずに育てます。

農薬や除草剤などの使用を考えないところから始めていますので、虫や病気に対しては、樹への被害が大きくなるかどうか判断して、適切に捕殺したり、摘んだりします。

若木のうちにたくさんの花をつけるようだと、樹が弱っているかもしれません。シンクイムシなどが入っていないか確認してください。

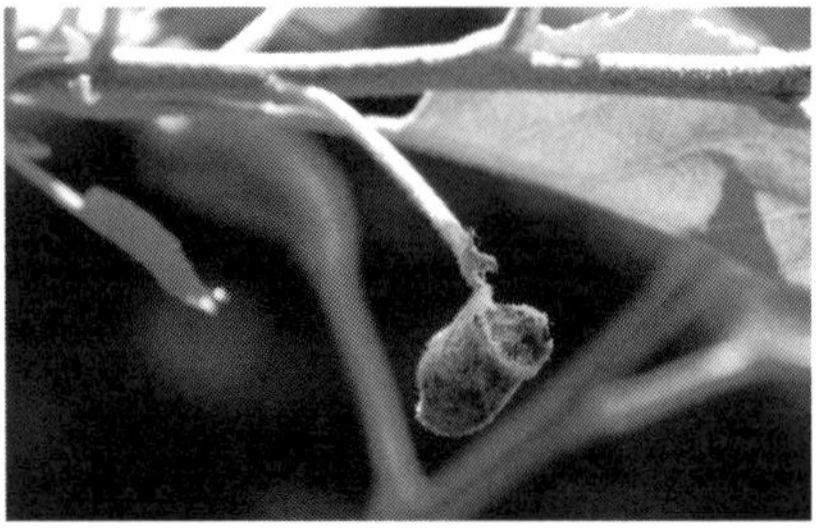
ハムキムシが葉の中に卵を産みつけている

下草・落葉の管理

下草は基本的には生えた状態のままで、風通しをよくするようにときどき刈って敷きます。一度に全て刈らずに何回かに分けて刈ると、虫たちがリンゴの樹に群がらずにすみます。

落葉も、翌年の病害虫の発生源となるという見方もありますが、私はそのままにして様子を見ています。

水やり

自然の雨に任せ、水やりはしないで育てます。乾燥したら根が水を求めて地中深くに入って行くのを妨げないようにします。

摘花・摘果

リンゴの花は中心花が咲き、次いで5~6の側花が咲きます。満開後、約1カ月頃までに、実は中心果を残して摘果し、長い枝の先端にできた実も摘みます。中心果がなくなった場合は、側花から軸の太いしっかりした実を選んで残します。

また、若木の成長を助けるために、初めて花の咲いた年は、実をならせず摘花することがあります。

袋かけ

摘果が済んだところから、袋かけをします。私は、実の様子がわかりやすいパラフィン紙の袋を使用しています。袋の口を開けて両側からしっかり実を包み、雨や虫が入らないように閉じます。実の横の葉は外に出しておきます。

除袋《じょたい》（袋をはずすことで、主産地では袋はぎともいう）を収穫の少し前に行い、実を日に当てると味もしまっておいしくなりますが、鳥や虫にも食べられます。

パラフィン紙の袋をかける

果実の収穫

紅玉は、満開後約１５０日が収穫の目安といわれています。ふじなどの晩生種は、マイナス２～３℃で凍害になるので、そうなる前に収穫します。傷つけないように注意し、実をひねったり、回したりして摘み取ります。

（三井和夫）

楽しみ方

●リンゴジャム

〈材料〉

リンゴ（紅玉など酸味が強いもの）、果実の30～40％の砂糖、レモン果汁少々

〈つくり方〉

①リンゴの皮を剥き、芯を取り除いて細かく刻み、ホウロウ鍋に入れ、分量の半分の砂糖とレモン果汁をかけ、１時間おく。

②リンゴから汁がしみ出てきたら火にかけ、中火で焦げつかないように木べらでかき混ぜながら煮る。

③残りの砂糖を加え、さらに煮詰める。

（三井郁子）

バラ科　落葉高木

オウトウ（サクランボ）

素顔と栽培特性

東アジアやヨーロッパ原産の、「サクランボ」として親しまれているミザクラです。ヨーロッパでは有史以前から栽培されていたとされていますが、日本で栽培されるようになったのは、明治初期にアメリカから導入されて以降です。

植えてから3〜4年で結実します。比較的冷涼な気候を好みます。収穫期に雨に当たると裂果しやすいので、雨が多い地域などは、雨よけなどの対応をすることが必要です。

種類・品種

オウトウは甘果オウトウ、酸果オウトウ、中国オウトウの3種類に大別され、よく知られている佐藤《さとう》錦《にしき》、高砂《たかさご》、ナポレオンなどは甘果オウトウです。これらの甘果オウトウは自家結実性が低く、1本では実がなりにくいため、2種類以上を混植します。

暖地オウトウは中国オウトウの一種で暖地でも育てやすく、自家結実性で1本でも実がなります。

植えつけ

日当たりがよく、水はけのよい場所

植えつけ後３～４年で結実するオウトウ

作業暦　○植えつけ　✣開花　××整枝・剪定　▒収穫

	1月	2月	3月	4月	5月	6月	7月	8月	9月	10月	11月	12月
植えつけ			○○○								○○	○○○
開花			✣	✣✣✣	―							
収穫					▒							
整枝・剪定	×××	×××										×××

樹全体の半分ほどを防鳥ネットでおおう

オウトウの花に飛来したミツバチ

樹皮をウサギがかじった跡

植えつけた２年目のオウトウ（佐藤錦）

を選びます。暖地では大きくなりやすいので、庭植えにするときは十分なスペースが必要です。コンパクトに仕立てたいときは、根の周囲１ｍぐらいをブロックなどで仕切って根の成長を制限する（根域制限）とよいでしょう。

　苗木は接ぎ木部を必ず地上部に出し、高さ60㎝くらいに切り詰め、支柱を立てて誘引して固定します。

整枝・剪定

　暖地では上に向かって大きく育ちがちなので、早めに枝を横に広がるように開心形、開心自然形などに仕立てるとよいでしょう。

　剪定は、木が大きくない場合は、重なり合った枝や、内側や下に伸びる枝を間引く程度で十分です。無剪定で調和よくスクスク伸びて、品質のよい果実がよくとれるオウトウが紹介されている記事も見られます。

　剪定の際は、剪定ばさみの切り刃のほうを残す枝に当てるようにして、できるだけ枝の根元で切ることが大切です。些細な技術ですが、切り口の癒合には樹のホルモンがかかわっていることを理解して、癒合剤を使わなくても樹が健康を維持できるようにしたいものです。

摘果

通常は摘果を行う必要はありません。

大きな果実を収穫したい場合は、実が大きくなりはじめた頃に、大きめの実を残して虫害のあるもの、小さなもの、果梗《かこう》（花柄《かへい》）の短いものを摘果します。

収穫は開花後 50 〜 60 日で可能

病害虫対策

収穫期から夏場にアメリカシロヒトリというガの幼虫が大量発生することがあります。初期は白い袋状の網の中に固まって発生するので、枝ごと切除して処分することで対応できます。

他にもサクラヒラタハバチやオビカレハの幼虫など何種類かの毛虫がたくさん発生することがあります。大量発生するとかなりの食害を受けるので、これも早期に見つけて対応することが肝心です。

鳥獣害対策

山間地ではシカや野ウサギの食害を防ぐために、苗木を植えた際に、周りをネットで囲うことが必要になる場合があります。

オウトウはヒヨドリなどの野鳥の大好物で、少し色づきはじめると人に先駆けてついばみにきます。野鳥の食害が多い地域では、防鳥ネットをかけるなどの手立てが必要になります。

果実の収穫

開花後50～60日で収穫できるようになります。オウトウは、同じ樹でも実の熟し方にかなり差が出るので、果実の十分に色づいたものから順に収穫します。

（勇惣浩生）

クロウメモドキ科　落葉小高木〜高木

ナツメ

素顔と栽培特性

ナツメの原産地は中国北部、西アジア、あるいはアジア南部などといわれています。日本にも古くに渡来しており、果樹として定着しています。

樹高4〜5mの小高木ですが、10〜15mに達するものもあります。葉裏は無毛で、夏に芽を出すのでナツメといわれています。暑さ、寒さ、乾燥に強く、育成も旺盛で、日本全国で庭植えが可能です。丈夫で育てやすく、自家結実性が高い。果実は2〜4cmの長円形の核果で、茶褐色に熟したものを生食します。

種類・品種

自生種は小果種ですが、中国では食用、薬用など用途に応じて品種改良が進んでおり、300〜400種の品種数に達します。節に鋭いトゲがありますが、トゲのない品種も出回っています。近年、中国や韓国から大果種や種なし種などが導入され、園芸店などで多くの品種が市販されるようになっています。

植えつけ

植えつけ適期は12〜3月。日当たり、

肥大してきたナツメの実（9月）

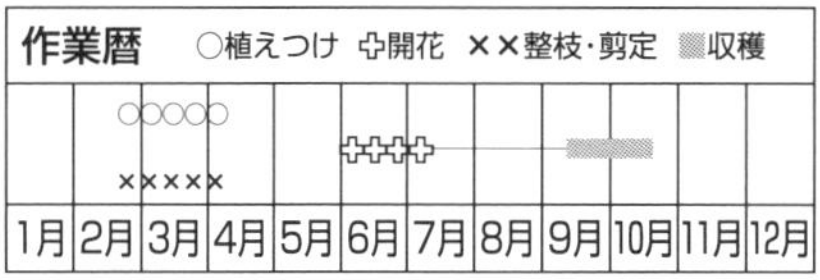

水はけのよい場所へ植え穴を大きく深めに掘り、植えつけます。支柱を添えてもよいでしょう。

短い苗木はそのまま、長い苗木は40㎝ほどの高さに切り戻します。

整枝・剪定

主幹形仕立てにして、人の背丈、もしくは先端に手が届くくらいの高さになるように樹高を抑えます。2年目に発生するひこばえは冬期にすべて根元から切り除きます。

若木のときの細い枝、弱い枝は、落葉期に葉と一緒に自然と落ちるので、剪定は不要です。4年目頃から枝が混み合ってくるので、混み合った枝や徒長枝、古い枝を間引くことで、日当たりや風通しがよくなります。

剪定、間引きを繰り返し、完成樹形である小高木に仕立てていきます。

病害虫対策

ナツメコガの幼虫が、果実を食害することがあります。実に穴が開いている被害果を手で取り除くようにしています。

果実の管理

これまで隔年結果などにより極端な収量減になることはなく、小果ということもあり、摘果などの対策は特に行っていません。

果実の収穫

実の表面が2割ほど茶褐色になったり、柔らかくなったりしたら収穫します。実の中に硬い種が入っていますが、そのまま食べると果肉は甘く、リンゴのような風味があります。実の表面全体が茶褐色になったら、果実酒用に収穫します。（延命寺鋭雄）

楽しみ方

ナツメは、乾果（ドライフルーツ）としても楽しむことができます。

天日干しした実を砂糖液で煮て、ふたたび天日干しします。この作業を繰り返すことで乾果ができ、

植えつけ5年目のナツメ

花芽（6月下旬）。2〜3週間後に開花

枝先などに実がつく

干しブドウの代わりに料理や菓子用、さらに薬用として活かすことができます。

ナツメ酒は乾果同様、滋養強壮、ストレス、利尿、疲労回復に効果があるとされています。

●ナツメ酒

〈材料〉

ナツメ６００ｇ（乾果の場合２００ｇ）、氷砂糖２００ｇ、ホワイトリカー１・８ℓ

〈つくり方〉

①完熟直前の実を水洗いし、２〜３日天日干しする（甘みが増す）。

②広口ビンにナツメ、氷砂糖を入れ、ホワイトリカーを静かに注ぐ。

③６カ月ほど熟成させる。中身の実は１年ほど経ってから引き上げる。

（延命寺久美）

ブナ科　落葉高木

クリ

素顔と栽培特性

クリはアジアやヨーロッパ、アメリカ、アフリカなど広い地域を原産とするブナ科の落葉高木です。日本でも縄文時代から食用にされており、北海道から九州までの山野に広く分布、自生しています。初夏にどこからともなく匂ってくる乳白色の房状の花と、秋にイガを持つ丸い実は、その風味のよい素朴な味わいとともに多くの人の郷愁を誘います。日本人にとって最も身近な果樹といえるでしょう。

硬い殻に包まれた実はデンプン、糖質を多く含み、貯蔵性にも優れ、幅広い料理や菓子などの食材として加工利用されています。

また、クリの材は耐湿性に優れ、樹皮にはタンニンを多く含むので、用材やタンニン製造の原料としても栽培されています。

土質や地形、気候への適応は広く、ほとんど手はかかりません。ちょっとした場所があれば植えたい果樹です。植えてから3～4年で結実します。

デンプン、糖質を多く含むクリ

種類・品種

クリは自家結実性が低いため、開花期の近い他の品種と一緒に植えるようにします。代表的な品種は次のとおり

作業暦　○植えつけ　✿開花　××整枝・剪定　■収穫

1月	2月	3月	4月	5月	6月	7月	8月	9月	10月	11月	12月
	×××	×		✿	✿✿✿			■	■○	○○○	○○○

です。

早生種

・**丹沢**《たんざわ》　樹勢が強く豊産性。実は大粒で甘みはやや少なめ。熟期は9月上旬。

・**国見**《くにみ》　耐虫性や耐病性が強い。実は大粒で甘みは少なめ。熟期は9月中旬。

中生種

・**筑波**　樹勢が強く豊産性。実は大粒で、甘みや香気はよい。熟期は9月下旬。

・**銀寄**《ぎんよせ》　丈夫で大きくなり、樹齢は長い。実は大粒で、甘みや香気はよい。風で落果しやすい。熟期は9月下旬～10月上旬。

肥大してきたクリの実

品種は左前が丹沢、右が銀寄

・**利平**《りへい》　日本グリと中国グリの交配種。痩せ地によく育ち、乾燥に強い。実は大粒で甘みが多く、果肉は黄色い。熟期は9月下旬～10月上旬。

晩生種

・**石鎚**《いしづち》　丈夫で豊産種。台風で落果しにくい。実は大粒で甘みが強く、貯蔵用として最適品種。熟期は10月上旬～中旬。

・**岸根**　樹勢が強く大木になる。成木になるにつれて安定してよく実る。実は大粒で甘みも強い。熟期は10月中旬～下旬。

私は銀寄、丹沢、利平を植えています。

植えつけ

クリの樹は大きくなるので、日当たりのよい広い場所に、落葉後の11～12月に植えつけます。私が植えているのは水田跡です。

植える場所の草を刈り取って一カ所に集めます。クリは根を深く張りますので、植え穴は直径80㎝～

1m、深さ50～60㎝くらいの大きめに掘り、土はよく砕いておきます。

苗木の根を自然な方向に広げ、接ぎ木の部分が必ず土の上に出るように植え穴に置きます。具合よく納まるようなら、苗木を真っ直ぐに持ち、下の根のほうから徐々に覆土していきます。

土は覆土の後で沈みますから、根元を少し高くして深植えにならないよう、それでいて確実に納まるよう全体を軽く押さえるようにします。水はやりません。

根元から少し離して支柱を立て、苗木に沿わせてヒモで8の字に結んでおきます。最後に刈り取った草を、乾燥を防ぐために苗木の足もとに敷いておきます。

植えた後は、枝の長さの3分の2くらいに切り戻します。

下草の管理

年に3～4回、足もとの草を刈って、その場に敷いておきます。

整枝・剪定

一般的には、開心自然形などに仕立てて樹高を抑え、混み合った枝を日当たりがよくなるように間引きます。

花芽は前年に伸びた枝の先端付近につくので、切り戻し剪定をしすぎると実がつく枝が少なくなるので注意が必要です。

私は剪定や間引きは行わず、自然のままに任せています。

果実の収穫

クリは熟期が近づくと、イガの緑色が次第に褐色に変わり、果実も光沢を帯びた栗色に変わります。

収穫は、自然落果を待って行います。完熟して次々に落ちるようになれば、できるだけ朝のうちに、早生種や実が先に落ちるものは毎日、イガごと落ちるものでも3日置かずに拾い集めます。落ちたまま放置しておくと、ノネズミやコオロギに食べられたり、腐敗してしまいます。

果実の保存

収穫した実をすぐに食べたいときは、一晩か二晩水に浸けてから冷蔵庫に入れて保管します。

長く楽しむための貯蔵法には、「クリをネットに入れて湿った砂の中に埋めておく」「クリを１～２日水に浸け、水気を切って冷蔵庫で１カ月程度保管して糖度を上げてから冷凍する」「クリの鬼皮と渋皮を剥き、適量の砂糖をまぶし、ビニール袋に入れて新聞紙に包んで冷凍する」などがあります。

収穫後の目安は１カ月後の９月

自然落果を待って収穫

ひと口メモ

９年前に最初に銀寄と丹沢を植えた水田跡をまた水田に戻すため、２年後に現在の水田跡に植え替えました。

植え替えたものの育ってくれるだろうかと見ていたところ、銀寄はゆっくりですが成長し、３年前から実をつけはじめました。２０１２年はこれまでで一番よく実っています。樹高は４ｍほどになりました。

一方、丹沢は植え替えてまもなく主枝が枯れ、側枝が１本残って細々と少しの花をつけるだけで、毎年「ダメかな」と思いながらもそのままにしておいたところ、２０１２年に初めて４個の実をつけました。樹高は１ｍ強ですが、その生命力に感激しました。

利平は２０１１年に、銀寄と丹沢の隣に植えています。

（柴田幸子）

カキノキ科　落葉高木

カキ

素顔と栽培特性

温暖で雨の多い中国中南部が原産で、日本には弥生時代にはすでに伝来しており、長く親しまれてきた果樹です。日本各地に1000を越える在来品種があるといわれています。

樹高は20mにも達する高木で、植えてから3～4年で結実します。日本の温暖多湿な気候でも育てやすく、家庭でも最も育てやすい果樹の一つといえるでしょう。甘柿は木の上で渋が抜けるのにある程度高い気温が必要なので、寒冷地は渋柿、甘柿は暖地での栽培に適しています。

種類・品種

富有や次郎といった甘柿と、平核無《ひらたねなし》や西条といった渋柿に大別できます。渋柿は、渋抜きすれば甘柿以上に甘くなります。

また、一般的にカキは雌雄異花で多くの品種は雌花だけをつけます。多くの品種は授粉しなくても果実は成熟しますが、特に甘柿は授粉せずに種がつかないと、実の生育が悪くなります。そのため、雄花を比較的多くつける善寺丸（甘柿）などと混植させることもあります。

カキはカロチンなどの含有量が豊富

色づいてきた庭先のカキ

作業暦　○植えつけ　✣開花　××整枝・剪定　■収穫

	1月	2月	3月	4月	5月	6月	7月	8月	9月	10月	11月	12月
植えつけ	○○○	○○○	○○○	○						○	○○○	○○○
開花					✣✣	✣✣✣						
収穫									■	■	■	
整枝・剪定	×××	×××	×××								×	×××

渋柿の成木（西条、12月）

植えつけ10年目の成木（富有）

代表的な品種は次のとおりです。

甘柿

- **富有**《ふゆう》　完全甘柿（常に甘い）の代表的品種。果肉は甘みが強い。他のカキと混植したほうがよい。熟期は10月下旬～11月上旬。
- **次郎**　完全甘柿。果肉は甘みが強く、肉質は密で日持ちする。10月下旬～11月上旬。
- **西村早生**　不完全甘柿（受粉すると甘柿に近い甘みが出る）。果実の色は淡い橙色で、味もやや淡泊。熟期は9月下旬～10月上旬。
- **禅寺丸**《ぜんじまる》　不完全甘柿。肉質は荒いが甘みは強い。雄花が多いため授粉樹（他の品種との混植）に向く。熟期は11月上旬～下旬。

渋柿

- **西条**　完全渋柿。日持ちは短いが干し柿に向く。熟期は10月上旬～11月下旬。
- **蜂屋**　渋柿の代表品種。果実が大きく、乾燥が早いため干し柿に最適（あんぽ柿）。熟期は10月下旬～11月中旬
- **平核無**　実は扁平で四角い。アルコール脱渋し

やすく、干し柿にも向く。種なし種のため授粉樹は不要。熟期は10月中旬~11月上旬。

私は富有、西条などを植えています。

植えつけ

どんな土壌でも適応しますが、どちらかといえば乾燥に弱いので、保水力の高い粘土質などの土質が向いています。水田跡なども植えつける場所として考えられます。

日当たりのよい場所を選んで、11月頃から3月頃までに植えつけます。

苗は太い直根が1~2本なので、植え穴を深めに掘って根を真っ直ぐに伸ばし、根と根の間に土を入れるようにして植えます。カキは植え傷みしやすいので、ていねいに扱います。

整枝・剪定

植えてから1年目はあまり成長しませんが、2年目から育ちはじめます。

自然のままにしておくと20m近い樹高になり、管理が難しくなります。コンパクトな開心自然形にして、樹高2・5~3mの低樹高に仕立てるとよいでしょう。垣根仕立てにすると、奥行きが狭いスペースでも栽培することができます。

日当たりや風通しがよくなるように、混んできた枝を剪定したり間引いたりします。カキが実をつけるのは、10~30cmの新梢で、徒長枝や小枝にはつきません。また、今年実がなった枝には花芽がつきにくく、多くなった翌年には少ししかならない性質(隔年結果)が強いので、バランスよく切り戻しなどを行うようにします。

摘蕾・摘果

摘蕾する場合は、下向きや斜め横向きの蕾を残し、上向きや成長の悪い蕾を摘み取るとよいでしょう。また、熟す前に自然に実が落ちる生理落果が終わった頃に、成長の悪い実、傷ついた実などを優先的にはさみで摘果し、実の数を減らします。

これらの摘蕾や摘花は、隔年結果を防ぐ効果もあるようです。

84

病害虫対策

炭そ病にかかると、6月頃から葉や実に黒い斑点が出ます。これらの発症部位はすぐに取り除きます。落葉病にかかると、葉に丸い斑点ができ落葉します。落葉した葉は焼却します。

実の中にカキミガの幼虫（カキノヘタムシ）が入り込むことがあります。気がついたら取り除きます。

果実の収穫

徒長枝の剪定

台風対策として支柱を立てる

朝晩の気温が下がりはじめる9月下旬頃に、実が熟しはじめます。十分に色づいたものをはさみで切り取り、収穫します。

（延命寺鋭雄）

楽しみ方

●干し柿

〈材料〉

渋柿（つくる分だけ）

〈つくり方〉

①10月中頃、半分赤くなった渋柿の皮をピーラーで剝く。

②ひもを通す、あるいは串にさして湯にさっとつけ、日の当たらない風通しのよいところに干す。

③干しすぎると風味がなくなるので、生乾きの頃に切り開いて種を除く。

④空気に触れるとカビが生えるので、ラップで包み冷蔵庫か冷凍庫で保存。

＊剝いた皮も、干してぬか床などに利用できる。

（延命寺久美）

バラ科　落葉高木

ナシ

素顔と栽培特性

ナシは、日本や朝鮮半島に自生する野生種（日本ヤマナシ）から改良された日本ナシ、中国北部からアジア東北部の乾燥地帯に原生する野生種（北支ヤマナシ）から改良された中国ナシ、ヨーロッパ中部や地中海沿岸に原生する野生種から改良された西洋ナシに分類されます。弥生後期の登呂遺跡からも種子が出ており、古くから栽培されていることが知られています。

ナシは温暖で湿潤な日本の気候や土壌条件に適応した果樹で、北海道から九州まで広く栽培されています。植えてから3年程度で結実しはじめます。樹齢500年のものもあるように寿命も大変長く、大木になります。

自家結実性が低く、同一品種だけでは実がなりませんので、異なる品種を一緒に植える必要があります。

種類・品種

日本のナシには果皮が茶色い赤ナシと、果皮が緑色の青ナシがあります。代表的な品種には次のようなものがあります。

早生・中生品種

- **幸水《こうすい》**　赤ナシの代表品種。樹勢は中程度で黒斑病に抵抗性がある。果実は250～300g。果肉は柔らかく緻密で多汁。糖度が高く酸味が少ない。熟期は8月上旬～下旬。

中生品種

- **豊水《ほうすい》**　幸水と並ぶ赤ナシの代表品種。樹勢は強く黒斑病に抵抗性がある。果実は大きめで350～400g。果肉は柔らかめで多汁。過熟になると蜜が入る。適度な酸味がある。熟期は9月上旬～中旬。

作業暦　○植えつけ　✚開花　××整枝・剪定　■収穫

	1月	2月	3月	4月	5月	6月	7月	8月	9月	10月	11月	12月
植えつけ	○○○	○○○									○○○	○○○
開花・収穫				✚✚✚				■	■	■		
整枝・剪定	×××	×××										×××

・**二十世紀**　青ナシの代表品種。樹勢は中程度だが黒斑病に極めて弱く、袋かけが必須であり栽培はやや難しい。果実は３００ｇ前後。形がよく、果肉は柔らかくて緻密で多汁。酸味と甘みのバランスがよく、食味がよい。熟期は８月下旬〜10月上旬と長い。

・**長十郎**　かつての赤ナシの代表品種だが、現在はほとんど市場出荷されていない。果実は２５０〜３００ｇ前後。果肉は硬いが、酸味が少なくほどよい甘さがある。熟期は９月下旬〜10月上旬。

幸水は早生・中生ナシの代表品種

幸水の果肉は多汁で糖度が高い

晩生品種

・**新高**《にいたか》　赤ナシ。樹勢が強く大木になりやすい。黒斑病に抵抗性がある。花粉をほとんどつくらず、授粉樹には向かない。果実は特大で４５０〜５００ｇ。果肉は柔らかめ。熟期は９月下旬〜10月上旬。

西洋ナシ

植物としての特徴は日本ナシとほぼ同じですが、より耐寒性が強く、乾燥地に適しています。果実を食べるには追熟が必要です。

・**ラ・フランス**　樹勢は強いが隔年結果性がある。果肉は緻密で柔らかく、多汁。特徴のある香りがある。熟期は10月初旬〜中旬。

私のところでは赤ナシの幸水、青ナシの二十世紀を栽培しています。

植えつけ

日陰に弱いので、日当たりのよい場所に植えつけます。どんな土壌でも適応しますが、乾燥に弱いので保水力の高い土質が向いています。また、風で実

芽は養分蓄積期から休眠期へ移行（11 月）

幸水などでは、特に袋かけをしない

夏期に混み合った枝を間引き剪定

が落ちやすいので、強風の吹かないところを選ぶとよいでしょう。

12月頃から3月頃までに植えつけます。

植えつけ後は、苗を支柱に固定し、茎の高さを70cm程度に切り戻します。

整枝・剪定

様々な樹形に仕立てることができますが、台風の被害を避けたり、剪定などの手入れが容易だったりする棚仕立てにするのが一般的です。しかし、家庭では開心自然形や垣根仕立てにしてもよいでしょう。夏は長い発育枝がよく伸びるので、上に伸びた枝や混み合った枝を間引きし、側面に伸びた枝を利用します。

一般的に、短い枝についた実は小玉になりますが糖度が高くなり、長い枝についた実は大きくなりますが糖度は劣ります。長い枝と短い枝で取れる実が半々くらいになるように剪定をします。

摘果

ナシの摘果と剪定例

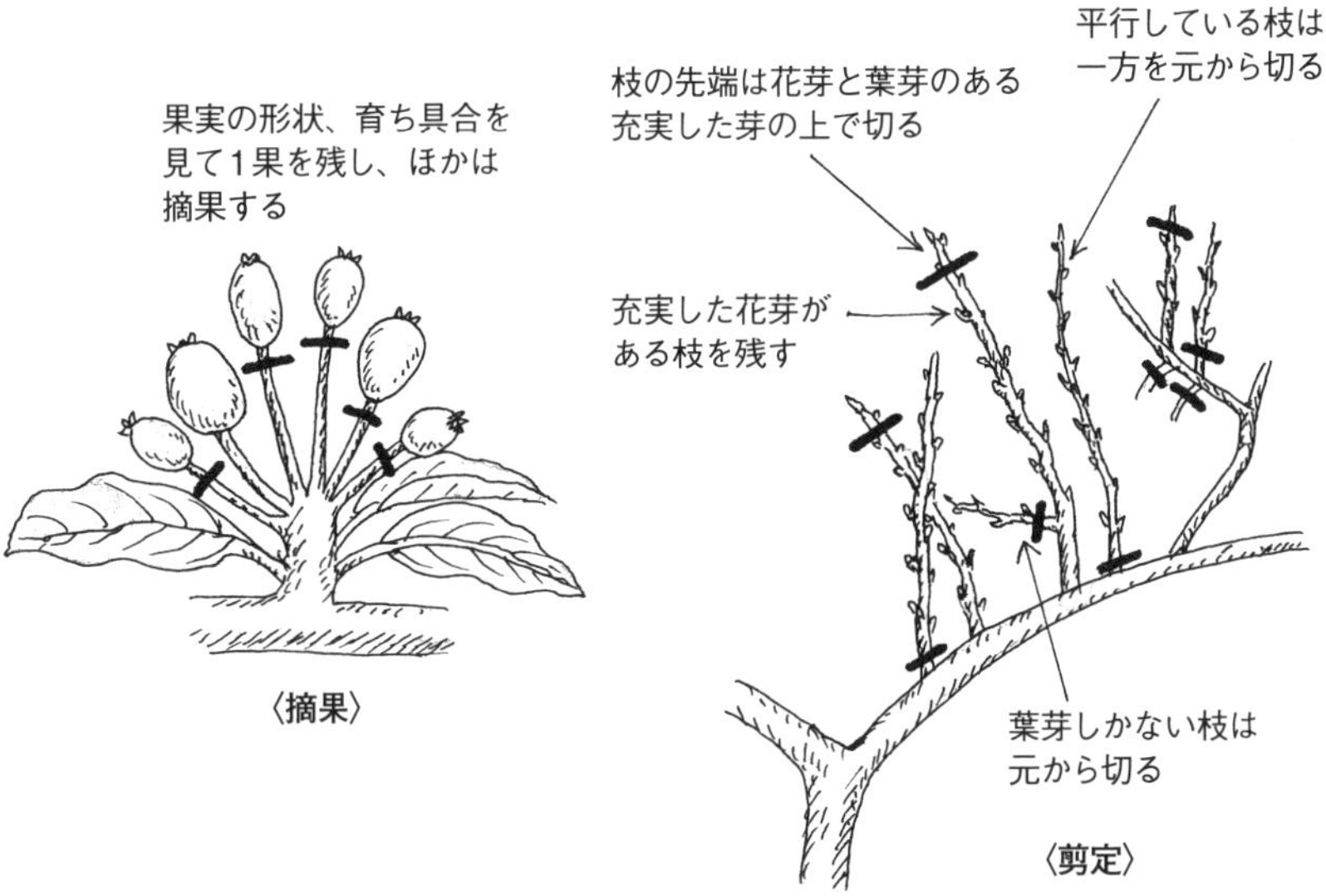
果実の形状、育ち具合を
見て1果を残し、ほかは
摘果する
〈摘果〉
枝の先端は花芽と葉芽のある
充実した芽の上で切る
平行している枝は、
一方を元から切る
充実した花芽が
ある枝を残す
葉芽しかない枝は
元から切る
〈剪定〉

品種にもよりますが、ナシは一つの実を充実させるために25〜30枚の葉が必要とされていますので、よい実を取るためには5月頃の摘果が大切です。まず実が小さいうちに、一つの花の固まりからなった実を一つだけ残すようにします。

ある程度育ってきたら、育ち具合を見てさらに半分くらいに減らします。また、枝の先端についた実は、実の重みで落果してしまう可能性が高いため、摘果します。

袋かけ

二十世紀は黒斑病にかかりやすいため、摘果後の5月下旬頃に袋かけが必須ですが、よほどのことがないかぎり豊水や幸水では必要ありません。

果実の収穫

ナシは枝の先端のほうから順に熟していきます。果実は、下から持ち上げるようにして収穫します。

（美斉津育夫）

クワ科　落葉低木
イチジク

素顔と栽培特性

南西アジア原産で、世界ではブドウと並んで歴史の最も古い栽培果樹です。日本で栽培が始まったのは、江戸時代からだといわれています。

果嚢《かのう》の内面に無数の花をつけ、花を咲かせずに実をつけるように見えることから「無花果」という漢字があてられています。実際には、花床の内面に小花（小果）が密生しています。食用とする部分は、果肉ではなく花托《かたく》（花柄の先端）です。

植えてから2～3年で結実します。高温で乾燥した気候を好みます。樹高は2～3m程度で、あまり手間をかけなくても実をつけやすいので、庭植えに向いていますが、基本的に耐寒性が低いので東北以北は栽培に適しません。

種類・品種

日本で栽培されているイチジクのほとんどを、秋果専用種（8月下旬～10月下旬に成熟する品種）の蓬萊《ほうらい》柿《し》と、夏秋兼用種（6月下旬～7月下旬か、8月下旬～10月下旬のどちらにも成熟する品種）の桝《ます》井《い》ドーフィンが占めています。

イチジクは本来、イチジクコバチによる授粉が必要ですが、これらの品種はイチジクコバチの手を借りずに単為結果するため、授粉の手間はかかりません。他にも夏果専用種のビオレドーフィンなどがあります。

私は桝井ドーフィンを植えています。樹勢が強く、果肉は黄色、果皮は赤紫色で甘みが多く、香りもよくておいしい品種です。

作業暦　○植えつけ　✙開花　××整枝・剪定　■収穫

1月	2月	3月	4月	5月	6月	7月	8月	9月	10月	11月	12月
		○○○	○○								
					✙	✙✙✙	■	■	■		
×××	××××	×								×	××

植えつけ

日当たりがよく、排水性と保水性がともによい肥沃な土地を選びます。3月上旬から中旬に植えつけます。暖地では秋植えする場合もあります。

植え穴は根が十分入る程度に掘り、根を十分に広げ、上下に軽く揺すりながら土とよくなじませるように植えつけます。苗木の先端を3分の1ほど切り戻し、水をたっぷりと与えます。

整枝・剪定

開心自然形仕立てで、新梢のうち3本を主枝候補としています。低木に仕立てるときは、杯状形にするとよいでしょう。

夏果は、春に前年枝の先端に育って7月～8月上旬に熟すので、冬に枝先を全て剪定してしまうと実が育ちません。長く伸びた枝だけを切り詰め、短い枝に実をならせるようにします。秋果は春に伸びた新梢に実がつくため、前年枝はいくら切り詰めても問題ありません。

夏には、日当たりや風通しがよくなるように、混み合った枝を間引きます。

完熟果（桝井ドーフィン）

斜面に植えたイチジク

病害虫対策

7～9月に、クワカミキリやキホシカミキリが発生して、幹や枝に穴を空けてしまうことがあります。見つけたら捕まえて取り除きましょう。

また、カミキリムシ類は、幼虫の時期に木の穴からおがくずのような糞を出しています。見つけたら、針金を穴に差し込んだり、被害枝を切除します。

鳥獣害対策

イチジクにはよく鳥が集まります。被害がひどい場合は防鳥ネットを張ります。

摘果

「植えつけから4～5年までの若木は摘果が必要」とされていますが、私のところでは摘果をしなくても、よく実を結んでくれます。十分に成長した成木であれば、摘果の必要はありません。

果実の収穫

枝の基部に近い果実から赤みがさし、熟してきます。追熟できないので、完熟して実が柔らかくなってきたもの、実が裂けはじめてきたものから順に収穫します。収穫期間が長期に及びます。

イチジクの果汁にはタンパク質分解酵素が含まれており、触れるとかゆみが出ることがあるので、気になる場合は手袋をつけて収穫するとよいでしょう。

（延命寺鋭雄）

楽しみ方

果皮が薄く柔らかいため、収穫後の取り扱いに気をつけます。そのまま生食したり、ジャムやコンポートなどに加工したりしています。すぐに食べたり加工したりしない場合は、冷蔵庫に入れて鮮度を保つようにします。イチジクジャムのつくり方を紹介します。

●イチジクジャム

〈材料〉

イチジク1kg、砂糖500g

〈つくり方〉

①水洗いをして、四つか八つに切り、ホウロウかステンレスの鍋に入れる。

②イチジクの上に砂糖をまぶし、しばらく置く。

③水気が出てきたら、中火で煮詰める。

④熱いうちに、消毒したビンに詰める。

（延命寺久美）

イチジクの収穫果

バンレイシ科　落葉中高木

ポポー

素顔と栽培特性

アメリカ東部原産の、バニラに似た芳香が特徴的な実をつける熱帯果実です。同じバンレイシ科には、マンゴーやマンゴスチンとともに世界三大美果に数えられるチェリモヤがあります。ポポーはバンレイシ科のなかで最も耐寒性が強く、日本には明治中期に導入されており、東北以西で栽培できます。中部地方以西では庭木として栽培されている例もあります。

植えつけ後2～3年まで成長はゆるやかですが、その後の成長は早く、5～6年で実がなりはじめます。自家結実性が低いため、複数株を混植すると結実がよくなります。8～10月に、アケビに似た楕円型の実をつけ、熟すと黄緑色になります。バナナのような黄色い果肉をつけますが、柔らかくて崩れやすく、ほとんど流通されていません。

種類・品種

日本では長年、品種名なしで栽培されてきましたが、近年、様々な品種の苗木が販売されています。品種によっては自家結実性が強く1本でも実をつけるものがあるようですが、2品種以

落果間近のポポー

植えつけ７年目の成木（12月）

作業暦　○植えつけ　✢開花　××整枝・剪定　▒収穫

	1月	2月	3月	4月	5月	6月	7月	8月	9月	10月	11月	12月
植えつけ			○○	○○								
開花					✢✢✢	✢✢						
整枝・剪定	×××	×××	×××	×								
収穫									▒	▒		

上を混植したほうが無難でしょう。
私はNC1とカールマンを植えています。

植えつけ

12～3月頃、水はけのよい肥沃な場所に植えつけます。枝が柔らかく折れやすいので、強風が当たる場所は避けたほうがよいでしょう。

整枝・剪定

ポポーは主幹が真っ直ぐ伸びていくので、主幹を切り下げるとともに、徒長枝を横に広げていくように仕立てるとよいでしょう。枝を横に広げることで、結実は早まります。成木になったポポーは、前年枝の中ほどに実をつけるので、長く伸びた枝先の約3分の1程度を切り詰めるようにします。

果実肥大期のポポー（8月上旬）

夏場は、混み合った部分を間引き、長く伸びた新梢は先を切り詰めます。また、1m以上ある枝は半分くらいに切り詰めます。

病害虫対策

若い枝葉にはアセトゲニンという殺虫成分が含まれているそうで、病虫害はほとんど心配ありません。

果実の管理

自家結実性が低いため、私は人工授粉させています。葯が開き赤黒色になったら花粉をとり、黄緑色から少し色づいた雌しべに授粉させます。

果実の収穫

ポポーは熟すと自然に落果しますので、落果が始まったら収穫します。収穫後に涼しいところで2～3日追熟させると黄色から黒くなってきて、独特の香りとパパイヤのような食感になります。

（延命寺鋭雄）

バラ科　落葉高木

カリン

素顔と栽培特性

中国原産で、日本に伝来した時期はわかっていません。各地の庭先などに植えられています。

果実は紡錘形、もしくは球形、楕円形。硬く生食はできませんが、その成分が咳止めの効能や利尿作用があるとされ、古くから民間療法で利用されてきました。

独特の強い香りを持ち、砂糖漬けやハチミツ漬け、シロップ漬け、果実酒などに加工して楽しめます。また、庭木や盆栽として観賞用に、硬い材は床柱などの家具や工芸品にも利用されています。

耐寒性が強く冷涼な気候を好み、日本ではリンゴの栽培適地とほぼ重なります。自家結実性が強く、1本でも実をつけます。

種類・品種

品種名のついたものはありません。

ペルシャ原産のマルメロと混同されることがありますが、マルメロの実は洋ナシ形で果皮に産毛があり、ほぼ円形や楕円形で無毛のカリンとは見分けがつきます。

マルメロもカリンと同じく果実酒などに利用します。

芳香が魅力のカリンの果実

果実肥大期のカリン（6月下旬）

作業暦　○植えつけ　✤開花　××整枝・剪定　▒収穫

1月	2月	3月	4月	5月	6月	7月	8月	9月	10月	11月	12月
		○○○									○○○
			✤	✤							
								▒	▒	▒	
×××	×××										×××

植えつけ

日当たりがよく、適度に湿気がある場所を好みます。12～2月頃に植えつけますが、土が凍結するような寒地では3月頃でもよいでしょう。

高さが60～80㎝程度に切り戻します。

整枝・剪定

カリンは直立性。主枝を3～5本にした開心形や立木仕立てが一般的です。赤い花を咲かせます。

庭先果樹として親しまれてきたカリン

カリンの実は、短い枝には枝先に、長い枝には基部から中央部につきます。徒長気味の枝を半分くらいに切り戻して、短い枝がたくさん出てくるように剪定します。

また、日当たりがよくなるように、混み合った枝を間引きます。

摘果

着果数はそれほど多くないため、基本的に摘果は必要ありません。虫害されているものや奇形のものを摘果する程度で十分です。

袋かけ

病害虫対策はほとんど必要ありませんが、シンクイムシの食害が多い場合は、6月下旬頃に袋かけをします。

果実の収穫

果実が緑色から黄色になり、独特な香りがしてきたら収穫します。

（美斉津育夫）

クルミ科　落葉高木

クルミ

素顔と栽培特性

クルミは南北アメリカ、ヨーロッパ東南部、アジア東部にかけて広く自生しています。日本にもオニグルミやヒメグルミなどが自生しており、縄文時代から食用にされています。世界的に栽培されているクルミはカスピ海沿岸に原生するペルシャグルミで、日本には中世に伝来してテウチグルミ（カシグルミ）と呼ばれています。

耐寒性が強く、比較的冷涼な気候を好みますが、発芽期や開花期の低温には弱いため、4～5月頃でも0℃以下になるような場所は適しません。植えてから接ぎ木苗だと5～6年、実生だと7～8年で結実します。

自家結実性ですが、1本の木に雄花と雌花が別々につき（雌雄異花同株）、雄花と雌花の咲く時期が違うため、単独ではほとんど実をつけないので、開花期が重なる数品種を混植する必要があります。

種類・品種

山間地には、自生のオニグルミやヒメグルミがあり、ヒメグルミには選抜されて品種名のついたものがあります。

庭先では日本在来種と明治以降に導

外果皮のついたクルミの実（6月下旬）

ヒメグルミ（左）とオニグルミ

作業暦　○植えつけ　✿開花　××整枝・剪定　▒収穫

1月	2月	3月	4月	5月	6月	7月	8月	9月	10月	11月	12月
○○○	○○○										○○○
			✿✿	✿				▒	▒		
×××	××										×××

入された欧米種との交雑種であるシナノグルミ（晩春、要鈴、信鈴、清香などの品種）、さらにヒメグルミ、オニグルミの系統がよいでしょう。

植えつけ

日当たりのよい場所を好みます。土質は選びませんが深根性のため。土層が深いところがよいでしょう。大木になるので、ゆとりのある場所を選びます。

12〜3月に植えつけ、高さが50〜60㎝程度に切り戻し、たっぷりの水を与えます。

実をつけたクルミの古木

整枝・剪定

大木になるので、6〜7年目に、株の主枝を2〜3本残して直立する主枝を切る芯抜きをして、変則主幹形の低樹高に仕立てます。

剪定は12〜2月に行います。クルミの実は枝先につきますから、冬に枝の先端を切り詰めると実はなりません。植えつけ後5〜6年までは収穫を考えずに枝先を3分の1程度切り詰め、それ以降は収穫を考えて混み合った枝を間引きする程度の剪定を行います。

病害虫対策

問題となるような病害虫はほとんどありません。

果実の収穫

9月下旬〜10月上旬に、枝を揺すったり棒で軽く叩いたりして、落ちてきた実を収穫します。

収穫したら外果皮を取り除き、水洗いをして乾燥させて保存します。

（美斉津育夫）

ザクロ科　落葉中高木

ザクロ

素顔と栽培特性

ペルシャ地方原産で、日本には中国から平安時代に伝わったとされています。

日本ではあまり生食されず、ジュースや果実酒などに加工されることのほうが多いようです。また最近は、ザクロの果実酢が女性のダイエットや美容に効くとされ人気があります。

高さ10m以上にもなる落葉高木。樹形や花、実が美しいので、庭先果樹の代表格の一つです。

植えてから5〜6年で結実します。耐寒性、耐暑性ともに強く、また耐乾性も強いので、北海道南部以南であれば、どこでも栽培できます。

自家結実性が強く、自分の花粉でしっかりと実をつけますが、開花期が梅雨時期のため、うまく実がつかないこともあります。

種類・品種

花を観賞する花ザクロと食用の実ザクロがあり、実ザクロには甘味系と酸味系があります。甘味系では大実榴《おおみざくろ》が一般的です。

植えつけ

日当たりのよい場所を選んで植えつ

実が裂けはじめたザクロ

ザクロは庭先果樹の代表種

作業暦　○植えつけ　✣開花　××整枝・剪定　■収穫

1月	2月	3月	4月	5月	6月	7月	8月	9月	10月	11月	12月
		○○	○○								
				✣✣	✣✣						
								■	■		
×××	×××	×××	×								

けます。土質は選びません。

寒さや乾燥に強いので、休眠期の12～3月に植えつけを行います。

根元から伸びる枝は、主枝を残して全て切り取り、主枝は3分の1から半分程度に切り詰めます。

整枝・剪定

4～5年かけて主幹と側枝をつくり、高さを抑えて2～3mの樹形に仕立てます。

花は充実した新梢の先端につきます。不要枝は間引き剪定し、ヒコバエは根元から全部切りとります。枝先が垂れるようにすると、よく結実します。

6～7月に開花

ザクロは花も実も樹形も美しい

摘果

一カ所に複数の実がついている場合は、一つになるように摘果します。

果実の収穫

9～10月、皮が黄赤色になり、実が裂ける直前か裂けはじめに収穫します。実が裂けた頃に雨に当たると雨がしみ込み、実が腐敗することがあります。

（延命寺鋭雄）

楽しみ方

絞って種子をこせば生ジュースになり、ジュースを煮詰めればジャムになります。果実酒も好評です。

（延命寺久美）

ミカン科　常緑小高木
ユズ

素顔と栽培特性

酸味が強くて生食には向かず、その酸味と独特の香りを調味料や薬味として楽しむ柑橘類を香酸柑橘と言います。ユズは、日本の香酸柑橘の代表です。原産は中国の揚子江上流ですが、日本でも古くから親しまれています。

柑橘類の中で最も耐寒性が高く、また病害虫にも強いので、大変育てやすい果樹です。最低気温がマイナス7℃以下にならない地域が栽培適地で、東北以南で広く栽培されています。

近年、ユズの苗木は需要が多く、不足気味のことがあります。庭先果樹としてだけでなく、山間地での特産果樹として注目を浴びているからです。

接ぎ木苗は3～4年で結実しますが、実生苗は10～20年かかることもあります。

種類・品種

代表的な品種や系統には、次のようなものがあります。

・**多田錦**《ただにしき》　無核種（果肉に種子が少ない品種）。樹勢が強く、育てやすい。トゲは成木になると小さくなる。3年で結実し、隔年結果になりにくく、豊産性が高い。果実は大きくない（約80

ユズは香酸柑橘の代表（12月）

剪定後のユズの成木

作業暦　○植えつけ　✤開花　××整枝・剪定　▓収穫

	1月	2月	3月	4月	5月	6月	7月	8月	9月	10月	11月	12月
植えつけ			○○	○○								
開花				✤	✤✤	✤						
整枝・剪定	×××	×××	×××	×								
収穫							▓	▓	▓	▓	▓	

g）が、果皮は薄く果汁が多い。貯蔵性にも優れ、2カ月は保存できる。

・山根系　3年で結実し5年で本格的な結果期に入る（早期結果種）。隔年結果になりにくい。トゲは少なく小さい。寒さに弱いため、寒冷地には向かない。果実は大きく（約80g）、種はあるが香りが高い。

・木頭系《きとう》　7年で本格的な結果期に入る。収量が多く、耐病性も強い。木にトゲがある。果実は大きくなり（約１３０ｇ）、そろいもよい。

・花柚《はなゆ》　ユズに近縁の香酸柑橘。ユズに比べ低木性（１・５ｍ程度）で育てやすい。果実は50～70gと小振り。

私のところでは木頭系を植えています。

植えつけ

日当たりや水はけがよく、北風が当たらない場所を選び、3月下旬～4月上旬に植えつけます。

植えつけ後、50～60㎝程度に切り戻し、たっぷりと水をやります。

整枝・剪定

ユズは柑橘類の中でも樹勢が強く、枝が縦に伸びやすく、横に伸びにくいのが特徴で、放置しておくと枝が直立してしまいます。

4月頃から春の枝が伸び、夏に徒長枝がまっすぐ上に伸びます。この時期に、樹形が開心自然形か杯状形になるように主枝をヒモなどで誘引します。主幹から裂けないように注意しましょう。

また風通しをよくし、日光が内側まで入るように、主枝と交差するような枝や、枝が混み合っているところは間引きます。

私はユズを植えている場所の関係から、背丈を低く抑えた半球形の樹姿にして、低い位置に着果するような枝づくりにしています。

病害虫対策

4～5月の新梢が伸びはじめる頃に、アブラムシやハモグリガ、アゲハチョウの幼虫などが出てきますので、見つけ次第排除します。

多田錦（左）は小玉。木頭系は大玉。ともに扁平状の球形

ユズの開花

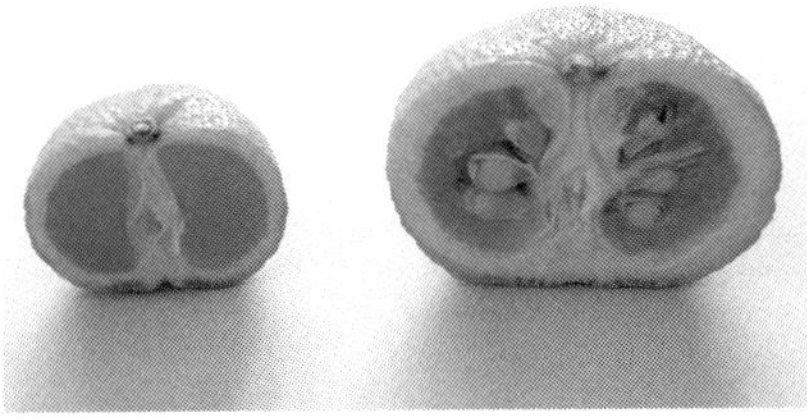
多田錦は無核種で果汁が多い。木頭系は香りや酸味が強い

ユズの青玉果（10月）

また、カミキリムシの幼虫などが幹に入ると、幹から木くずが出てくるのでわかります。穴に針金などを差し込んで殺します。

そうか病、黒点病、灰色かび病などの病原性カビによる病気は、常に枯れ枝を剪定することである程度防除できます。発生したときは、症状が出た部位を取り除き、焼却します。

下草の管理

適度な草は、雨による土の流出を防ぎ、土壌温度を適度に保ってくれますが、伸び過ぎると幹にカミキリムシが産卵しやすくなります。伸び過ぎた場合は、幹の周辺の草を刈り取り、その場に敷きます。

摘果

ユズは着果量が多いと翌年は着果が少なくなる、隔年結果になりやすい果樹です。生理落果する6月頃、半量程度を摘果するようにすると、隔年結果の防止につながります。

ユズは実のつき具合を見て樹全体にわたり、まん

ユズの全面摘果と局部全摘果の例

ユズは表年と裏年を交互に繰り返し、隔年結果になりやすい果樹。これを防ぐため、蕾が出てきた頃に摘蕾、幼果が肥大してきた頃に摘果をおこないます

〈全面摘果〉

摘果時期は、生理落果する6月頃が労力的負担が少ないこともあり、のぞましい

〈樹半分全摘果〉

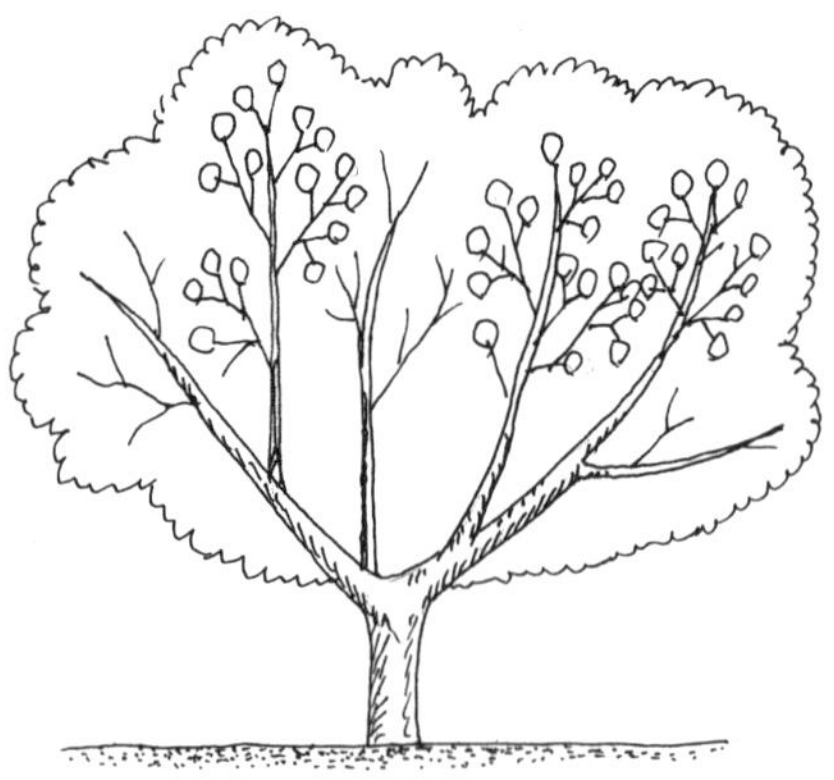

〈主枝・亜主枝単位の全摘果〉

出典：『育てて楽しむユズ・柑橘』音井格著（創森社）

べんなく摘果する全面摘果、樹の片側を摘果する樹半分全摘果、さらに主枝、亜主枝単位の全摘果があります（図参照）。

収穫

実は、8月頃の緑色が残っているほうが香り高く、青玉、もしくは青玉果と呼ばれています。黄色く色づいていくにしたがって果汁が多く、ユズ料理全てに使いやすくなります。用途に応じて収穫します。

私ははさみで収穫するとき、果皮を傷つけないようにするため、最初に果梗を長めに切り、もう一度へた近くまで果梗を切り取る二度切りをしています。

（延命寺鋭雄）

大玉の収穫果（木頭系）

好評のユズのマーマレード

楽しみ方

●ユズマーマレード

〈材料〉

ユズ皮1kg、砂糖600g、塩5g

〈つくり方〉

①ユズを二つ割りにして、レモン汁器で果汁をしぼる。

②皮を細く刻む。

③皮の2倍の量の水を加え、15分から20分煮てあく抜きをする。

④新たにヒタヒタに水を入れ、皮があめ色になるまで煮る。

⑤皮があめ色になったら、ユズのしぼり汁を入れ、砂糖を加えて焦げつかないように混ぜながら煮詰める。

⑥消毒したビンに詰める。

（延命寺久美）

ミカン科　常緑小高木

スダチ

素顔と栽培特性

スダチとは「酢橘」の意味で、古くから食酢として利用してきた香酸柑橘です。ユズの近縁に当たり、主に徳島県で古くから庭先果樹として植えられ、特産果樹にもなっています。推定３５０年にもなる古木があるそうです。

耐暑性や耐寒性が強く、北は関東地方から南は沖縄までの広い地域で栽培が可能です。小さな実をたくさんつけるので、庭先などに植えるのに最適です。

接ぎ木苗は2～3年で結果します。

種類・品種

枝にトゲがなく果実に種が少ない無《む》棘《きょく》無核種の新居系や佐藤系、トゲがなく種はある無棘有核種の徳島1号、本田系、酒井系、トゲがあり種が少ない有棘無核種の森岡系、トゲがあり種もある有棘有核種の大東系、小川系、速水系などがあります。

苗木としては、一般にはトゲや種の有無ということで市販されています。

植えつけ

日当たりや水はけがよく、北風が当たらない場所を選び、3月下旬～4月上旬に植えつけます。

植えつけ後、50～60㎝程度に切り戻し、たっぷりと水をやります。

整枝・剪定

一般的には開心自然形に仕立てます。私のところでは、1～5年程度放置してから、開心自然形に仕立てています。

また、短い枝が多くつくように剪定し、木の内側までよく日が当たるように混み合った枝を間引きます。

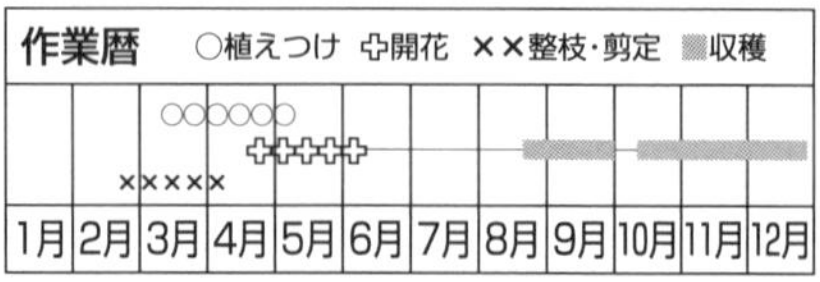

病害虫対策

4〜5月の新梢が伸びはじめる頃に、アブラムシやハモグリガ、アゲハチョウの幼虫などが出てきますので、見つけ次第排除します。

また、カミキリムシの幼虫などが幹に入ると、幹から木くずが出てくるのでわかります。穴に針金などを差し込んで殺します。

そうか病、黒点病、灰色かび病などの病原性カビによる病気は、常に枯れ枝を剪定することである程度防除できます。発生したときは、症状が出た部位を取り除き、焼却します。

スダチの着果状態

スダチの成木

下草の管理

適度な草は、雨による土の流出を防ぎ、土壌温度を適度に保ってくれますが、伸び過ぎると幹にカミキリムシが産卵しやすくなります。伸び過ぎた場合は、幹の周辺の草を刈り取り、その場に敷きます。

果実の収穫

8月下旬から9月下旬まで緑色果を収穫し、黄色くなりはじめる10月上旬から12月頃まで熟した果実を収穫します。

緑色果の香りと酸味は特によく、ポリ袋に入れて冷蔵すると、2カ月は緑色のまま保存できます。

楽しみ方

生食はせず、香りと果汁を味わいます。果肉や果皮をしぼって冷蔵庫で保管すると、しばらくの間利用できます。

（延命寺鋭雄）

ミカン科　常緑低木

キンカン

素顔と栽培特性

中国原産のキンカンは、丈夫で育てやすく、古くから庭先果樹として親しまれてきました。7月に白色五弁花の清楚な花を咲かせ、自家結実性も高く1本でも実をならせます。柑橘類のなかで最も小さな実は、甘い香りがする果皮ごと食べられます。

植えてから3年くらいで結実します。関東以西の暖地が栽培適地です。

種類・品種

そのまま食べるには、風味のよく主要品種となっているニンポウキンカン、種のないぷちまるなどがあります。ちなみにニンポウは、中国の逝江省寧波《ニンポウ》の地名に由来しています。

その他、甘みは少ないものの樹勢が強く丈夫なナガキンカン、主に観賞用にされるマルキンカン、砂糖漬けやジャムなどに加工して利用される実が大きいフクシュウキンカンなどがあります。

私はニンポウキンカンを栽培しています。果皮の香り、甘みともよく、果肉の酸味も少なめで、ほどよい苦みもあって美味です。

作業暦　○植えつけ　✤開花　××整枝・剪定　▒収穫

	1月	2月	3月	4月	5月	6月	7月	8月	9月	10月	11月	12月
○植えつけ		○	○○○									
✤開花							✤✤	✤✤✤				
××整枝・剪定			×××									
▒収穫	▒	▒										▒

植えつけ

温かくなって春3〜4月に植えつけます。

植える場所は、日当たりと水はけのよい、冬は風の当たらない日だまりになるようなところがよいといわれています。私が植えているのは、水田を畑にした畦の一画です。土は水保ちのよい粘土質で日当たりはよいのですが、遮るものがないので強い風が当たります。植えて7年が経ち、現在は樹高1mです。同じ頃に隣に植えたスダチは、人の背丈ほどにもなってよく実るのに比べて、小さいままで実もつけず、「どうなるのかなぁ」と思っていたら、2～3年前からいつのまにか実をつけるようになりました。

植えつけ方は、まず植える場所の草を刈り、集めておきます。植え穴は、苗木の根回りより一回り大きくなるように掘り、苗木の根を自然な方向に広げ、接ぎ木の部分が必ず土の上に出るように植え穴に置きます。具合よく納まったら苗木をまっすぐに持ち、下の根のほうから順々に覆土していきます。雨が降ったら土が沈みますから、根本は少し高くして、苗木が確実に納まるよう全体を軽く押さえておきます。

根本から少し離して支柱を立て、苗木に添わせてヒモで8の字に結んでおきます。最後に刈り取った草を苗木の足元に振りまいてかぶせておきます。

苗木の切り戻しや水やり、植え穴に堆肥や肥料を置くことはしません。

たわわに実をつけたキンカン

キンカンの収穫果

下草の管理

年に3回程度、根元の草を刈ってその場に敷いておきます。施肥はしていません。

整枝・剪定

枝をつくることなく、自然に任せています。

摘果・果実の管理

枝先にたくさんの実が固まってついたとき摘果をし、実に十分に日が当たるようにします。

キンカンで注意が必要なのは霜害です。キンカンは、樹そのものは暑さ寒さに強いのですが、果実は寒さに弱く、霜害にあうと果皮が茹でたようになって痛み、生食にも調理にも向かなくなってしまいます。冷たい寒風が当たるところでは、笹竹を立てるなどして早めに霜よけをします。

果実の収穫

キンカンは次々と花が咲き、実がつきますから収穫時期は長いのですが、適期は12～1月です。十分に日を浴びてふっくらとした黄橙色に完熟したものをはさみで切って収穫します。

楽しみ方

風邪予防の果実としていろいろに利用されているキンカンですが、私は砂糖で煮て保存食として楽しんでいます。

生食用にも保存食用にも重宝するキンカン

●キンカンの甘煮

〈材料〉

キンカン３００ｇ、砂糖１８０～２００ｇ、水１００～２００㎖

〈つくり方〉

①キンカンを洗い、包丁で縦に５～７㎜幅で切り目を入れる。

②たっぷりの水（分量外）でキンカンの皮が柔らかくなるまで茹でる。

③茹でたキンカンを水にとり、上下を軽く押さえ、切り目に竹串を入れて種を出す。

④再びたっぷりの水（分量外）で茹でる。皮が十分柔らかくなったらざるに上げて茹で汁を切る。

⑤鍋に分量の砂糖と水を入れて煮溶かし、キンカンを入れる。煮汁が全体に回るよう表面にガーゼをかぶせて弱火で静かに煮る。

⑥煮沸消毒したビンにキンカンの甘煮を入れ、シロップをかぶるくらいに注ぐ。

（柴田幸子）

ミカン科　常緑低木

レモン

素顔と栽培特性

インド北東部のヒマラヤ山麓が原産地。レモンは、香りと酸味を味わう香酸柑橘類の中で最もポピュラーな果樹の一つです。果汁や果皮がドリンクや料理に広く利用できるので、庭に1本あれば重宝します。

植えてから4年くらいで結実します。柑橘の中では耐寒性が弱く、温暖な気候を好みます。庭植えの場合は日当たりがよく、北風の当たらない場所が適しています。

種類・品種

比較的耐寒性が強く育てやすいリスボンと、四季咲き性が強いタイプで暖地向きのユーレカが代表的な品種です。

風害でかいよう病が発生しやすくなるので、我が家ではトゲの少ないユーレカを植えています。

植えつけ

乾燥した状態を好むので水はけがよく、冬でも暖かく日当たりがよく、なるべく北風の当たらない場所を選びます。接ぎ木部は必ず地上に出し、定植

収穫期のレモン

果汁や果皮の利用度が高い

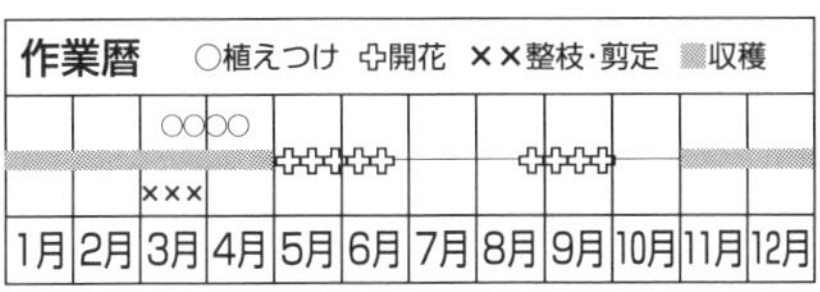

株元周辺に藁などを敷き、乾燥を防ぐ

立ち枝についたレモンの果実

後たっぷり灌水します。株元に刈った草や藁を敷いて乾燥を防ぎましょう。

また、しっかり根を張るまで、1～2年は風で幹や枝が揺れないように支柱をします。その間、枝を支柱にまとめて結束しておくと成長が促進されます。さらに早く大きく育てたい場合は、2年生の苗木がお勧めです。

1年生の苗木は、地面から60㎝くらいの高さで切り戻します。2年生の苗木は、それぞれの枝を3分の1～3分の2程度に切り戻します。

整枝・剪定

樹形は開心自然形を基本とします。レモンは立ち性で枝が太いのが特徴です。枝の数も多くないので、無施肥でも3年で3m程度には伸長します。

果樹栽培の書籍では、早く花芽をつけて実つきをよくするために、剪定を軽くしてやや下向きに誘引することを勧めているものが多くありますが、私はお勧めしません。たしかに最初の3年ぐらいは、樹高が高くなるばかりで実がほとんどつかない場合が

112

ありますが、それでも４～５年経てば、自然と枝の数も増え、立ち枝にも花芽がついて実がなりはじめます。

そうすると立っていた枝も実の重みで自然と垂れ、結果的に開心自然形の落ちついた樹形になっていきます。それくらいに育てば、枯れ枝を取り除いたり、内向きや下向きに伸びている枝を剪定するだけで十分です。

柑橘類の枝は分解されるのも比較的早いので、そのまま根元に敷いておいてもかまいません。

レモンの開花

植えつけ４年目の若木

下草の管理

春の剪定前に幹の周りを中心に１回、夏場に２回程度、草を刈ります。緑肥植物の種まきをする場合はその前に１回、年間４～５回の草刈りが必要です。刈った草はその場に敷いておきます。

収穫

ユーレカは四季咲き性の品種なので、５～６月から10月にわたって３回、開花・結実します。緑色の果実も利用可能なので、適度な大きさになったものから収穫して楽しみます。

結実した果実の実留まりがいいので、冬に収穫できる果実をとらずに残しておけば、かなり大きな果実を長期間利用することができますが、やはり樹に負担をかけることになるので、適期に収穫するほうがよいでしょう。

（勇惣浩生）

ミカン科　常緑低木

ハッサク

素顔と栽培特性

ハッサクは広島県因島《いんのしま》原産で、ナツミカンの仲間ですが、甘みは強めで、酸味との兼ね合いでさっぱりした味を楽しめます。八朔（旧暦の8月1日）頃から食べられるようになるので、この名がついたといわれています。

植えてから4～5年で結実します。寒さに比較的強く、温州ミカンがつくれるところなら大丈夫です。日当たりがよければ、それほど土壌は選びません。樹勢が強く、基本的に無農薬無施肥栽培で問題なくつくれるので、自然農にはもってこいの果樹です。ただし、柑橘類ではかなり大きく育つ部類に入ります。

自家結実性が高く1本でも実はなりますが、ナツミカンと一緒に育てると、大きな実になるそうです。私もぜひナツミカンを1本植えたいと思い、苗木を探しています。

種類・品種

ハッサクには、いくつもの枝変わりが発見されており、果皮が濃橙色で果汁がやや多く品質がよい濃間《のうま》紅八朔、和紅八朔などという品種もあります。

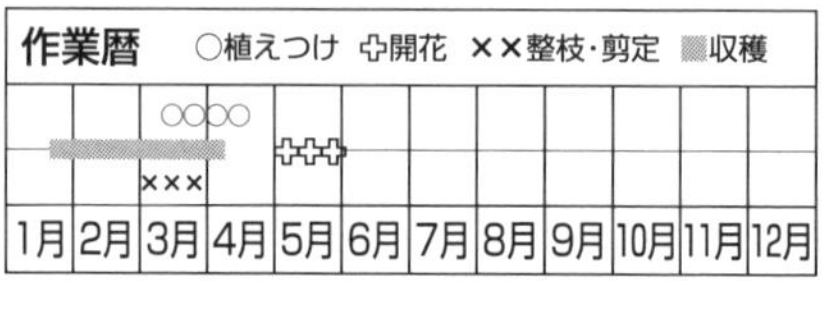

植えつけ

レモンと同様に接ぎ木部は必ず地上部に出し、定植後たっぷり灌水します。株元に刈った草や藁を敷いて乾燥を防ぎましょう。しっかり根を張るまで、1～2年は風で幹や枝が揺れないように支柱をします。

1年生の苗木は、地面から60㎝くらいの高さで切り戻します。2年生の苗木は、それぞれの枝を3分の1～3分の2程度に切り戻します。

整枝・剪定

樹形は開心自然形を基本としますが、樹勢が強く場所をとるので、庭植えにする場合はスリムな主幹形でもよいでしょう。レモン以上に枝の数が少なく、無施肥でも3年で3～4m程度に育ちます。

最初の3年ぐらいは樹高が高くなるばかりで実がほとんどつかない場合がありますが、4～5年もすると自然と枝の数も増え、立ち枝にも花芽がついて実がなりはじめます。

立ち枝にも花が咲いている

果実が肥大したハッサク（11月）

ハッサクの果実は大きいこともあり、立っていた枝も実の重みで自然と垂れ、結果的に落ちついた樹形になっていきます。そうなったら、枯れ枝を取り除いたり、内向きや下向きに伸びている枝を剪定すれば十分です。

下草の管理

年間を通して4～5回の草刈りが必要です。刈った草はその場に敷いておきます。

収穫

2月中旬～3月まで樹にならせておくと、甘みが強くなります。遅く収穫する場合は、できるだけ樹冠の内側の果実を残すようにします。さらに季節が進むと落ちてしまいます。ほぞ（へた）が取れてしまうと商品価値は下がりますが、落ちた実も食べられます。早目に収穫して、冷暗所にしばらく貯蔵しておくことも可能です。

（勇惣浩生）

ミカン科　常緑低木

ポンカン

素顔と栽培特性

インド北東部が原産で、日本には明治時代に台湾から導入されました。

温州ミカンより少し大きめで、酸味は少なく、甘みが強く独特の風味があります。見た目はごつごつしていますが、皮を剝きやすいのが特徴です。

植えてから4～5年で結実します。温暖な気候を好み、温暖なほうがよりよい実がなります。温州ミカンに比べてやや寒さに弱いですが、樹の勢いがよく、よく育ちます。寒い地域では、鉢植えにして、冬は室内や温室で管理するそうです。

品種

耐寒性が強く樹勢がやや弱い太田、耐寒性が弱く樹勢はやや強い吉田が代表的な品種です。

植えつけ

日当たりのいい南向きの暖かい場所が適しています。

接ぎ木部は必ず地上に出し、支柱を立てて苗木を固定します。1年生の苗木は高さ50～60cmに剪定し、元気のよい芽を5本以上選んで芽かきをします。2年生の苗の場合は、弱い枝や混み合った枝を少し間引いて整理しておきます。

植えつけ後、根と土をなじませるようにたっぷりと灌水し、しっかり活着するまで土が乾燥しないように注意します。根元に刈った草や藁を敷いて乾燥を防ぎましょう。

整枝・剪定

樹形は主幹形で、竹ボウキを逆さに立てたようになります。勢いがよく、無施肥でも3～4年で3m

作業暦　○植えつけ　✤開花　××整枝・剪定　▒収穫

1月	2月	3月	4月	5月	6月	7月	8月	9月	10月	11月	12月
▒		○○ ×××	○○	✤✤✤							▒

程度には伸長しますが、枝の数が多く混み合ってきて、小さい枯れ枝が生じてくる場合もあるので、枯れ枝や混み合った枝を少し間引いて整理します。

最初の3年ぐらいは枝数が増え、樹高が高くなるばかりで、実がほとんどつかない場合があります。しかし、時間の経過とともに花芽がついて実がなりはじめると、立っていた枝も実の重みで自然と垂れてきて、結果的に少しずつ落ちついた樹形になっていきます。

皮が剝きやすく、果肉の香気が高いポンカン

下草の管理

春の剪定前に幹の周りを中心に1回、夏場に2回程度、緑肥植物の種まきをする場合はその前に1回、年間を通して4～5回の草刈りが必要です。刈った草はその場に敷いておきます。

病害虫対策

イセリアカイガラムシやミカンワタカイガラムシ、ルビーロウムシなどが発生した場合は、竹べらなどで直接そぎ落とします。

また、テッポウムシの食害に気をつけましょう。主幹の地ぎわ部が見えやすいように、根の周りの草は適宜刈って、早期に見つけて対処することが大切です。

摘果

結実の量によって摘果が必要になります。樹自身が、自らの状態によって実を落とす生理落果が終わり、果実が親指大になる7月頃に行います。

収穫

温暖な地域では、年が明けて1月に入ってから収穫すると、酸味が抜けて甘みが強く美味。数日置いておくと、さらに酸味が抜けていっそうおいしくなります。

（勇惣浩生）

ミカン科　常緑低木

ネーブル

素顔と栽培特性

ブラジル原産のスイートオレンジで、日本へは北米からもたらされました。かつてはいろいろなオレンジが導入されたのですが、ネーブルだけが日本の気候風土に適し、定着しています。

果実の頂部に「ネーブル＝へそ」があるのが特徴です。ネーブルはバレンシアオレンジと並んで、世界の二大オレンジです。

やや皮が剝きにくいものの果肉が柔らかく、香りも高く、種なし品種も多くあります。適度な酸味と甘みがあり、生食用柑橘の代表格です。

つくりにくかったネーブルも系統の選抜、品種改良が進み、温州ミカン並みに栽培しやすくなっています。とはいえ、温州ミカンより耐寒性が弱いので、冬は暖かく夏は涼しく、雨の少ない地域が適地です。

基本的には生食用、もしくはフレッシュジュース用ですが、無農薬なのでジャムやマーマレードなどにも利用できます。

日本の風土に適したネーブル

種類・品種

鵜久森《うくもり》、丹下《たんげ》、森田、清家《せいけ》、白柳《しらやなぎ》、大《おお》三島《みしま》、福本などの系統があります。白

柳、大三島系は早生です。

植えつけ

日当たりがよく、水はけのよい場所、さらに寒風を避けられる場所を選んで、3～4月頃に植えつけます。

植えつけ後は、高さ50～60㎝になるように切り戻し、たっぷりと水をやります。

整枝・剪定

主枝を3本にして、開心自然形にしています。樹の外側の枝よりも、内側の短い枝や下枝によい実がつきます。樹の内側まで日が当たるように、混み合った枝を間引き、前年の秋以降に発生した枝は元から切ります。

実は新梢の先端部につくため、切り戻し剪定は行わず、間引き剪定を中心とします。

摘果

100葉に1果が摘果の基準といわれています。7月上旬頃までに生理落果します。その後、小さいものや変形したもの、病害虫が現れているものなどを中心に摘果していきます。

果実の収穫

早生は12月から、晩生種は2月頃から収穫できます。はさみで果柄を切り取って収穫します。そのまま2～3カ月貯蔵することもできます。

（延命寺鋭雄）

ネーブルの樹姿（11月）

はさみで果柄を切り取って収穫

ミカン科　常緑低木
ダイダイ

素顔と栽培特性

ヒマラヤ原産で、日本には721年に田道間守《たじまもり》が持ち帰ったとされております。日本現存最古の薬物辞典である『本草和名《ほんぞうわみょう》』にも「橙《だいだい》」が記載されています。

ユズやスダチとともに、日本で古くから食酢として利用されてきた香酸柑橘であるとともに、成熟しても落下しにくく、同じ樹に新旧代々の果実がついていることがあり、縁起物として正月飾りなどにも用いられます。よく似たカブス（臭橙《しゅうとう》）は、日本や中国に分布しています。

植えてから3年くらいで結実します。高温、多湿、乾燥の環境にもよく耐え、日本では関東以南で庭先果樹として栽培されています。

収穫間近のダイダイ（11月）

縁起物として正月飾りに用いられる

ペクチンの含有量が多く、マーマレードの原料としても最適です。

種類・品種

仲間に、上記のカブスやサワーオレンジがあります。

植えつけ

日当たりがよく、水はけがよい場所が適していますが、多少の日陰でも十

作業暦　○植えつけ　✿開花　××整枝・剪定　■収穫

	1月	2月	3月	4月	5月	6月	7月	8月	9月	10月	11月	12月
植えつけ		○	○○	○○○	○							
開花				✿	✿✿	✿✿						
整枝・剪定					×××	×××						
収穫											■	■

ダイダイの古木（樹齢30年）

ダイダイ（左）と類似のカブス

ダイダイの開花

分に育ちます。苗木は、主として3～4月に植えつけます。

植えつけた後は、50～60㎝の高さになるように切り戻し、たっぷりと水をやります。

整枝・剪定

2・5～3mになるように芯抜きをして側枝を開き、木の内側によく光が入るように開心自然形に仕立てています。

また、短い枝が多くつくように剪定し、木の内側までよく日が当たるように混み合った枝を間引きます。

果実の収穫

12月から必要に応じて、はさみで果柄を切り取って収穫します。1果の重さは約２５０ｇ。果肉は橙色。香り高く、酸味、苦み、甘みが強いのが特徴です。

（延命寺鋭雄）

ミカン科　常緑低木

ナツミカン・甘夏

素顔と栽培特性

ナツミカンは江戸中期に今の山口県長門市で生まれ、萩市で経済栽培をスタートさせました。

植えてから3年くらいで結実します。樹勢が強く実もたくさんつけてくれる、育てやすい果樹ですが、温州ミカンよりも耐寒性は弱く、生産されているのは伊豆地方や紀伊半島、九州南部など暖かい地方に限られています。

さわやかな酸味があり、生食のほかジャム、マーマレード、砂糖漬けなどに加工できます。

種類・品種

ナツミカンより酸味が少なく食べやすい甘夏は、大分県で発見されたナツミカンの枝変わりの品種。品種登録名は川野《かわの》夏橙《なつだいだい》です。この川野夏橙が全国に広がり、紅甘夏、新甘夏、スガルエレガントといった系統もつくられています。

植えつけ

水はけがよく、冬にも日当たりがよくて寒風が当たらない場所を選んで、3月頃に植えつけます。

植えつけた後は、50~60㎝の高さになるように切り戻し、たっぷりと水をやります。

整枝・剪定

十分な植栽スペースがある場合、2・5~3mになるように芯抜きをして側枝を開き、木の内側によく光が入るように開心自然形に仕立てています。庭先の場合、変則主幹形、もしくはスリムな主幹形仕立てが考えられます。

また、短い枝が多くつくように剪定し、樹の内側まで日が当たるように混み合った枝を間引きます。

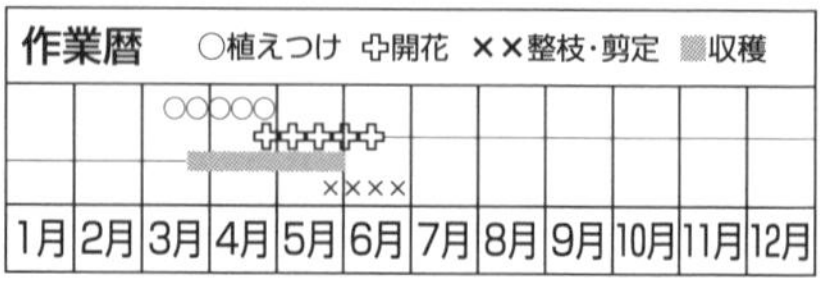

摘果

夏に摘果を行います。冬の間に低温による落果や生理落果が多くあるので、それを見越して多めに残します。

果実の収穫

枝にならしたまま越冬させ、熟してからはさみで果梗を切り取って収穫します。ナツミカンは５～６月、甘夏は３～４月が収穫適期です。（延命寺鋭雄）

さわやかな酸味のある甘夏

枝にならせたまま越冬させる

楽しみ方

●甘夏ピール

〈材料〉

甘夏の皮またはナツミカンの皮１kg、砂糖５００g、塩大さじ２、グラニュー糖適量

〈つくり方〉

①皮を剥き、適当な大きさに切る。

②鍋にたっぷりの水と皮、塩を入れて煮る。沸騰したら20～30分ゆっくり煮て、茹でこぼす。

③皮をボウルに取り出して流水にさらし、手でギュギュッと押して、苦みをしぼり取る。

④鍋に皮と砂糖、水２００～３００ccを入れて、しゃもじで混ぜながら水分を飛ばす。

⑤ザルに皮の内側を上にして並べて干す。半日は天日干し、後は風通しのよい日陰で干す。

⑥ある程度乾いたら、グラニュー糖をまぶして一晩おく。翌日、皮にグラニュー糖が浸み込んでいるようならば乾きが甘いので、もう一度干す。

⑦乾いたらビンか缶で保存する。（延命寺久美）

ミカン科　常緑低木

温州ミカン

素顔と栽培特性

日本の代表的な柑橘類です。江戸時代初期に鹿児島で発見され、皮が剝きやすくて種がなく食べやすいなどの利点があったことから、その後全国に広がったといわれています。

植えてから3～4年で結実します。温暖な気候を好み関東以南の暖かい地方での栽培が適していますが、耐寒性にも優れており、9月末頃から収穫できる極早生や早生の品種であれば、関東以北でも栽培できます。

種類・品種

数多くの品種があります。極早生温州は9月中旬から色づき、酸味も抜けます。早生品種の宮川早生、興津《おきつ》早生などは、10月中下旬に完熟します。晩生品種の青島、十方、今村などは12月中旬に着色しはじめ、産地では収穫したものを貯蔵して年越しさせ、2～3月に出荷しています。

私は、10月中頃から下旬に完熟する宮川早生と、11月下旬から12月中旬に完熟する青島を植えています。

植えつけ

冬場に寒風にさらされない場所を選んで、3～4月に植えつけます。

植えつけた後は、50～60㎝の高さになるように切り戻し、たっぷりと水をやります。

整枝・剪定

2・5～3mになるように芯抜きをして側枝を開き、樹の内側によく光が入るように開心自然形に仕立てています。

また、短い枝が多くつくように剪定し、樹の内側

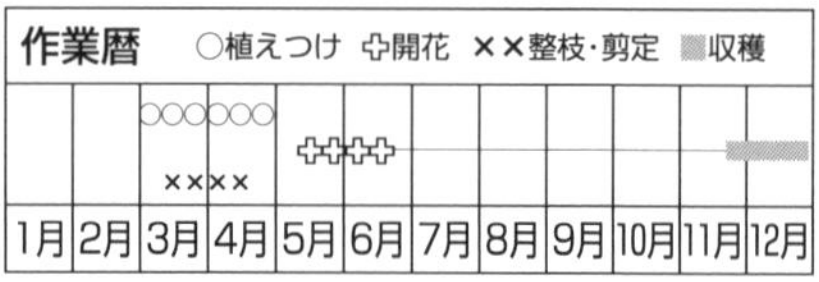

までよく日が当たるように混み合った枝を間引きます。隔年結果する場合は、前年にたくさんの実をつけたときは軽めの剪定、あまり実がならなかったときは強めの剪定を行います。

家庭で育てる場合は、樹高が3m程度なので、垣根仕立てにするのもよいでしょう。

摘果

植えてから3年目くらいまでは、樹の成長を促すために全ての花を摘蕾、摘果します。

成木になってからは7月上旬頃から、傷ついているもの、病害虫にあっているもの、実が枝から上向きについているようなものを摘果し、平均して葉30枚に1果程度となるようにします。その際、樹全体を均一に摘果するより、一部が群状に結果するようにすると、味がよくなるといわれています。

果実の収穫

10月に入り、果皮が緑色から黄橙色に変わって十分に完熟したものからはさみで果柄を切り取って収穫します。

（延命寺鋭雄）

楽しみ方

漢方ではミカンの果皮の乾燥させたものを陳皮《ちんぴ》といい、風邪をひきやすい人の免疫力アップや、呼吸機能が衰えている人、花粉症、アレルギーにかかりやすい人、食欲不振などが改善されます。

粉にした陳皮はドレッシングや炊き込みご飯に混ぜたり、七味唐辛子にも入っているので、鍋物や汁物の薬味にも、おひたしのあしらいにも、香りが食欲をそそります。

●ミカン（皮）茶

〈材料〉

ミカンの皮（つくる分だけ）

〈つくり方〉

ミカンを洗い、皮を剥いて天日で干す。

＊カラカラに乾いたものをコップに2～3片入れ、湯を注いで飲みます。フードプロセッサーで細かく砕き、コップに小さじ1を入れ、湯を注ぎ、ハチミツなど加えてもよいと思います。（延命寺久美）

モクセイ科　常緑中高木

オリーブ

素顔と栽培特性

西アジア原産といわれていますが、はっきりとはわかっていません。野生のオリーブは地中海沿岸やインド、北オーストラリアにかけて広く分布しており、人類の広がりとともに広がったといわれるほど、栽培の歴史は長い果樹です。

植えてから2～3年で結実します。乾燥に強く、日当たりを好み、日照時間が長いほどよく育ちます。南国のイメージがあるオリーブですが耐寒性も強く、関東以南ならば栽培できます。ただし、ある程度の低温にあわないと花芽が出ませんので、花芽が分化する1月の平均気温が10℃以下である必要があります。

白い木肌と銀色を帯びた葉も美しく、庭木としても人気があります。

種類・品種

栽培の歴史が長いため、世界では数百種の品種があるといわれています。日本では小粒種のルッカ、中粒種のマンザニロ、ミッション、ネバディロ・ブランコ、大粒種のセピラノなどが栽培されています。マンザニロ、セピラノはピクルス用です。

オリーブは自家結実性が低い品種が多いので、2品種以上混植するとよいでしょう。

植えつけ

土質は選びませんが、弱アルカリか中性に適します。日当たりのよい、水はけのよい場所を選んで、3月中旬頃に植えつけます。植えた後は、60～70cmに切り詰めます。

また、浅根《せんこん》性（浅く横に根を伸ばす性質）のため、しっかりと支柱を立てて固定してやります。

作業暦　○植えつけ　✚開花　××整枝・剪定　■収穫

	1月	2月	3月	4月	5月	6月	7月	8月	9月	10月	11月	12月
植えつけ		○	○○○	○								
開花				✚	✚✚							
収穫										■	■	
整枝・剪定		×	×××	×								

整枝・剪定

場所が広いところでは変則主幹形仕立て、狭い場所なら主幹形に仕立てて、２・５ｍほどに伸びたら２ｍのところで切り、頭を抑えます。

枝はどこを切っても枯れることはありません。しなる手前で切り戻します。混み合ったところ、徒長枝、弱い枝などは間引いて、日当たりをよくします。

摘果

オリーブには隔年結実の習性があり、適当に摘果すると隔年結果が防げ、大果に育つといわれていますが、私は自然に任せています。

収穫期のオリーブの実（10月）

果実の収穫

オリーブ油用には黒紫色に完熟した実を、ピクルス用には完熟前の緑果のうちに収穫します。

（延命寺鋭雄）

楽しみ方

●オリーブの実の塩漬け

〈材料〉

完熟の実1kg、塩ひとつかみ

〈つくり方〉

①完熟オリーブを水洗いして、塩をまぶす。

②密閉容器に入れ、冷蔵庫で保存。

＊早ければ3週間で、塩抜きをして食べられます。長く漬けたオリーブは、とてもおいしいものです。私は塩漬けの黒オリーブを好みに塩抜きして種をとり、フードプロセッサーにかけ、レモン、オリーブオイルを加えてペースト状にしています。ディップとして使ったり、バジルや松の実を加えてパスタのソースにしています。

（延命寺久美）

ヤマモモ科　常緑高木

ヤマモモ

素顔と栽培特性

中国南部が原産とされていますが、日本でも関東以南の太平洋岸に広く分布しています。10m以上に成長する高木で、温暖な気候を好みますが成木は強い耐寒性も備えています。根粒菌と共生しているため、痩せ地でもよく育ち、公園や街路樹などの緑化木としても植えられています。

ちなみに伊豆半島の伊豆急伊豆高原駅やまもプラザ（静岡県伊東市）の敷地には、樹齢１００年以上になる雌と雄の巨木が保存されています。雌は株元の太さが周囲４m70㎝、高さが12mです。

実生苗だと結実まで15〜20年かかりますが、接ぎ木苗ならば４〜５年で結実します。雌雄異株なので、実をならせるには雄株と雌株の混植が必要です。

果実は傷みやすいのでほとんど流通はしていませんが、甘酸っぱくておいしい実です。生食の他、ジャムにしたり果実酒にしたりして楽しめます。

種類・品種

実を楽しむならば、大果の瑞光や森口などが一般的です。他に、完熟しても淡紅色の白妙、果実が小さいが甘みの強い亀蔵などがあります。

雌雄異株なので、授粉用の雄品種を混植する必要があります。近年は公園などにもよく植えられているので、そこから風に乗って花粉が運ばれて受粉し、雄品種を混植しなくても実がなるそうですが、やはり混植をしたほうが確実です。また、雄木の枝を接ぎ木すれば、受粉は確実になります。

植えつけ

日当たりと水はけがよく、北風が直接当たらない場所に、３〜４月頃に植えつけます。

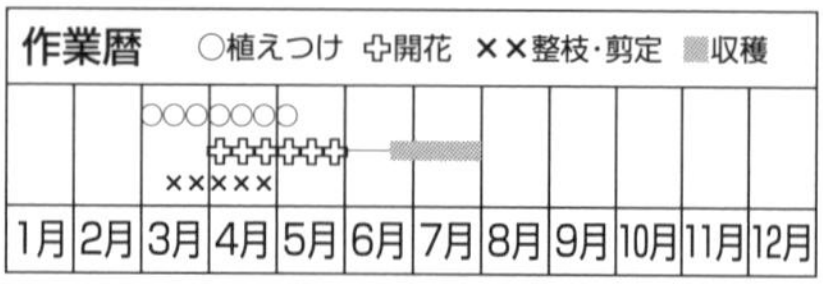

整枝・剪定

自然のままだと10m程度の大きさになるので、2・5〜3mに抑えるように枝を横に広げる開心自然形にしています。

枝が芽吹く前に、混み合った部分の不要枝や徒長枝をつけ根から切り落とし、間引き剪定をします。

摘果

実がなりすぎると、実が小さく味も悪くなるので、適当に摘果をするとよいでしょう。10枚の葉に1果程度が目安といわれています。

甘酸っぱい味わいのヤマモモ

果実の収穫

暗赤紫色に完熟したものから、はさみで果梗を切って収穫します。

（延命寺鋭雄）

楽しみ方

ジャムやジュース、果実酒にするほか、生食でも楽しめます。生のまま冷凍保存することもできます。

●ヤマモモ酒

〈材料〉

ヤマモモ600g、氷砂糖150g、ホワイトリカー1・8ℓ

〈つくり方〉

①若い実は酸味や苦みが出るので、木なりで完熟したものを用意する。

②水洗いをして水気を切り、広口ビンにヤマモモ、氷砂糖を入れ、ホワイトリカーを静かに注ぎ入れる。

③中身は1カ月で取り出し、半年以上、冷暗所で熟成させる。

＊ヤマモモ酒は、毛細血管の強化作用、脳卒中の予防、利尿、下痢止め、不眠症に効力ありといわれています。

（延命寺久美）

バラ科　常緑高木

ビワ

素顔と栽培特性

中国南部原産で、日本で果樹として栽培されるようになったのは江戸時代からです。

植えてから4～5年で結実します。樹の耐寒性は強いのですが、花や実が寒さに弱いため、寒地での栽培は不向きです。樹勢は旺盛で、10m以上になります。寿命は50年以上で、中国には１００年経っても実をならせている木があるそうです。花は冬の間に咲き、実は初夏になります。

果実を生食、ジャム、果実酒などに利用できるほか、葉は薬用として利用できます。

種類・品種

早生種の長崎早生、中生種で小果系の茂木《もぎ》、晩生種で大果系の田中が一般的です。これらは、江戸時代末期から明治時代に偶然実生として発生し、本格的に栽培されるようになったものです。

暖地では品種を選びませんが、冬に寒くなる地域では、晩生種の田中のほうが適しています。

植えつけ

私は茂木と田中を植えています。

果肉がみずみずしいビワ

ビワの開花

日当たりがよく水はけのよいところ、また花や若い実は寒さに弱いので、冬も暖かい日だまりになる場所を選び、3～4月に植えつけます。

植えた後は、60～70㎝に切り詰めます。また、浅根性のため、しっかりと支柱を立てて固定してやります。

整枝・剪定

ビワは枝先に実をならせるため、全ての枝先を剪定することができず、大きくなってしまいがちです。管理しやすいように高さを2～2・5ｍくらいに抑え、主枝を3本くらい伸ばし、それぞれに2本くらいの副主枝をつけ、横に広がる半円形の樹形にするのが一般的です。

混み合った部分を間引き剪定

日当たりをよくするため、混み合った部分の不要枝や徒長枝を間引きます。剪定は、9月頃の蕾が大きくなる前に行います。

摘蕾・摘房

ビワは、一つの花房に100ほどの花がつきます。これを全て結実させると実が小さくなり、樹勢も弱くなるので、11月下旬の開花直前に、花の多い枝や葉の少ない枝の花房を折り取る摘房作業を行い、花房の数を半分から3分の1程度に減らします。

さらに開花後の12月頃、一つの花房に5～6段ある花房を、大果系（田中）ならば下の2段、小果系（茂木）ならば4段程度残して折り取ります。

これらの摘房をすることで開花期を遅らせ、耐寒効果も期待できるといわれています。

果実が目立ってきて、まだ実の数が多いようならば、バランスよく実をつけるようにするため、摘果します。

袋かけ

虫害を避けるために袋をかけます。茂木は果房に大袋を、田中は実ごとに小袋をかけています。

果実の収穫

6月中旬頃、十分に色づき、甘い香りがしてきたものから収穫します。

（延命寺鋭雄）

葉は年間をとおし採取、利用できる

効用の多いビワの葉酒

楽しみ方

●ビワの葉酒

〈材料〉

ビワの葉　あるだけ、氷砂糖　好み（外用に使う場合は入れない）、ホワイトリカー　ビンの口一杯

〈つくり方〉

①ビワの葉は年中採集可能。なるべく古いものを集める。
②葉の裏表をタワシでこすり洗いする。
③タオルで水分をふき取る。
④広口ビンに詰め、ホワイトリカーを注ぎ入れる。

＊ビワの葉酒は血液をきれいにする作用があり、高血圧、リウマチ、神経痛、貧血に効くほか、免疫力を高める効果もあります。外用は切り傷、虫さされ、かぶれなどに塗ります。取り出したビワの葉はお風呂に入れています。

（延命寺久美）

ツツジ科　落葉低木

ブルーベリー

素顔と栽培特性

北アメリカが原産で、２００種以上の品種があるそうです。日本には１９５０年頃に導入されています。

夏に収穫できる実は小粒で愛らしく、また春に咲く白い花（品種によっては赤みを帯びる）、秋の紅葉も美しいので、庭木や鉢植えとしても人気があります。朝露をつけたブルーベリーの実は表面に粉（ブルーム）をふいた状態で、手で触れるのがもったいないくらいに美しく、かわいい実です。

植えてから2年くらいで結実します。日陰でも育つ性質がありますが、葉に日射しが当たらないと樹勢も弱く、実も甘酸充実しませんので、適度の日射しは必要です。

収穫間近のブルーベリー（6月中旬）

ブルーベリーの樹姿（5月下旬）

自家結実性が低いので、２品種以上の混植が必要です。

種類・品種

主な品種には次のようなものがあります。

早生品種（熟期は6月上旬～中旬）

・**パトリオット**　直立性で樹勢が強く、耐寒性も強い。果実は暗青色で大粒の少しつぶれた形。風味に優れる。

作業暦　○植えつけ　✣開花　××整枝・剪定　■収穫

1月	2月	3月	4月	5月	6月	7月	8月	9月	10月	11月	12月
	寒冷地○○○ ×××	×××	✣✣	✣✣	■	■	■		温暖地○○	○○	○○

・ブルーゴールド　直立性で樹勢は中位。果実は暗青色で大粒の円形。風味に優れる。

・スパータン　直立性で樹勢は中位。果実は明青色で特大。風味に優れるが果肉は硬い。

中生品種（熟期は6月中旬〜7月上旬）

・ブルークロック　直立性だが結実とともに開帳。樹勢は中位で、耐寒性が強い。果実は明青色で中〜大粒の円形。酸味があるが風味は非常によい。

・レガシー　直立性で樹勢が強い。果実は明青色で大粒。風味に優れる。

ブルーベリーの花芽（2月下旬）

晩生品種の開花

・サウスムーン　直立性で樹勢は中位。土壌適応性は悪い。果実は中間的な青で大粒。甘みが強く風味に非常に優れる。

晩生品種（熟期は7月中旬〜下旬）

・チャンドラー　直立性で樹勢が強い。成熟期間が5〜6週間と長い。果実は明青色で大粒〜特大。風味は非常に優れる。

・コビル　開帳性で樹勢が強い。果実は青色で特大扁平な形。酸味が強いが風味は非常に優れる。

・ブリジッタ　直立性で樹勢が強い。果実は青色で中〜大粒。果肉は硬いが、風味は非常に優れる。

極晩生品種（熟期は8月上旬〜9月上旬）

・アラパハ　開帳性で樹勢が強い。果実は中粒。種子の口当たりがよく、風味はよい。

・ブライトウェル　直立性で樹勢が強い。果実は明青色で中粒。風味はよい。

・コロンバス　半直立性で樹勢が強い。果実は特大。風味が非常によく、保存性にも優れる。

　早生から極晩生までを組み合わせることで、長く収穫できます。私は、5〜6種を栽培しています。

ブルーベリーの樹姿

（原図、志村編著による。1993）

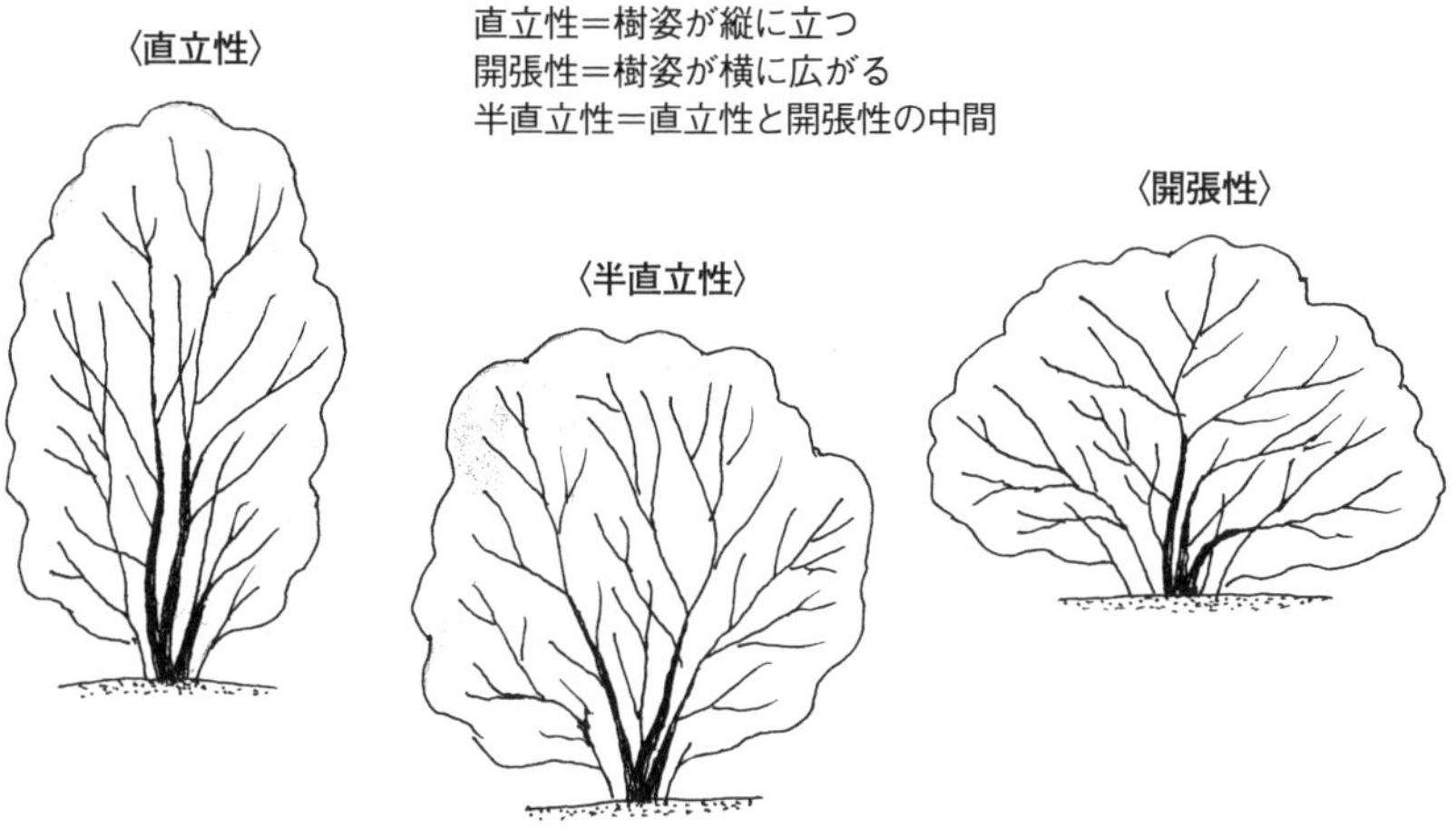

注：①出典『育てて楽しむブルーベリー 12か月』玉田孝人・福田俊著（創森社）
②庭先や果樹園の広さを考えながら、のぞましい樹姿、樹形（成果の大きさ）に仕立てる

植えつけ

日当たりと水はけのよい場所を選んで、暖地では秋、寒冷地では春の芽が動きはじめる直前に植えつけます。

浅根性のため、夏場の直射日光を思い切り浴びるような場所では水やりが必要になりますので、夏場に半日陰の状態になる場所を選ぶとよいでしょう。灌水し続けると、根はより一層浅いところに張るようになってしまいますので、できるだけ根が水を求めて深く張るように工夫します。

弱酸性の土を好み、ひげ根で浅根性のため硬い土壌では根が伸びにくいので、ピートモスを土と混ぜることが一般的です。私のところは、ピートモスを混ぜた苗は成長が早く安定していますが、使わなかった苗は成長が遅く、実のなりはじめも遅くなりました。

整枝・剪定

あまりいじらず、自然な形に仕立てます。

3～4年経過して、前年伸びた枝の先端の花芽が結実してきます。混み合っている枝を間引きする場合は、枝元から切ります。先端だけ切り詰めたら結実しません。実のついたところは枯れますから、切り取ります。

折々に木の様子を見て、摘果をしたり、枯れ枝を取り除き、下草を刈り敷き、南側の広葉樹が、日光を遮るようになれば枝葉を切り戻しています。

冬の剪定もあまりしたことはないのですが、枯れ枝は取り除き、弱い枝は混み合っているのであれば元から切ります。

また、ブルーベリーの場合、地下茎が伸びて株元から離れた場所に吸枝（サッカー）が地上茎として出てきます。そのままにすると1ｍ以上伸びて樹冠が広がり、枝が混み合ってきますので、地際部分から切り取ったり、吸枝を掘り起こして切除したりします。

摘蕾・摘果

普通3～4年で結実しますが、樹勢に合わせて、花を摘んで結実しないようにすることもあります。

実が大きく、たくさんなるように品種改良されているので、樹を弱らせないように摘果をして、ならせすぎないように気をつけます。実の元の枝に葉がついていないようなら、全部摘果します。びっしりと実がついていたら、小さい実を摘んで隙間をつくります。

鳥獣害対策

私のところは竹林が東側にあって、スズメやヒヨ

つきすぎていた小さな実を摘果

ドリもいますが、ブルーベリーは食べていないようです。近所でたくさん栽培しているところでは防鳥網をかけています。

果実の収穫

熟しすぎると落下しますので、それ以前に果軸のつけ根まで赤味がとれて暗青色に着色したものを収穫します。

（三井和夫）

楽しみ方

ブルーベリーの成熟果

好評のブルーベリージャム

新鮮な完熟した実はそのまま食べたり冷凍して貯蔵もしておけます。目によいといわれていますが、濁りのないすっきりした甘みと酸味で、本当に目がすっきりします。またジャムにしたブルーベリーは、ヨーグルトによく合います。

●ブルーベリージャム

〈材料〉

ブルーベリーの完熟生果（もしくは完熟の冷凍貯蔵果）、果実重量の40％の砂糖、レモン果汁少々

〈つくり方〉

①果実をホウロウなどの鍋に入れ、分量の3分の1の砂糖を加え、弱火にかけて木べらで焦げつかないように混ぜる。

②沸騰してきたら3分の1の砂糖を加え、中火にしてかき混ぜながら煮込む。

③もう一度沸騰してきたら、残りの3分の1の砂糖とレモン果汁を加え、好みの硬さまで煮詰める。

（三井郁子）

バラ科　落葉低木

ブラックベリー

素顔と栽培特性

ヨーロッパや北米などが原産の、キイチゴの仲間です。

植えてから2年くらいで結実します。水はけがよく、日当たりのよいところを好み、ラズベリーより暖かい地域が適しています。自家結実性があるので、1株でも実がなります。花が咲くのは、ラズベリーより遅くて5月末から6月、実は7月中旬～8月中旬に収穫できます。あまり手がかからず手入れも簡単で、家庭果樹として楽しめます。

種類・品種

蔓性のソーンフリー、半直立性のブラックサテン、ブラックキャップなどの品種があります。トゲのある品種も多く、家庭果樹として植える場合は、取り扱いに注意が必要です。

私のところはブラックサテンです。果実は黒く、香りがあり、実は大きく、枝にトゲはなく、1年で枝が2ｍ以上も伸びます。

植えつけ

日当たりと水はけのよい場所を選んで、3月頃に植えつけます。ブルーベリーと同様、浅根性のため、夏場の直射日光を思い切り浴びるような場所では水やりが必要になりますので、夏場に半日陰の状態になる場所を選ぶとよいでしょう。

整枝・剪定

あまりいじらず自然な形に仕立てますが、2ｍ近く枝が伸びるので、格子状に木や竹で骨組みをつくり、垣根仕立てにしたり、株仕立てやアーチ状にしたりして楽しむこともできます。

作業暦　○植えつけ　✚開花　××整枝・剪定　■収穫

1月	2月	3月	4月	5月	6月	7月	8月	9月	10月	11月	12月
	寒冷地	○○○							温暖地	○○○	
			✚✚✚			■	■				
				××	×××						×××

ブドウやキイチゴと同様に、前年伸びた枝の先端に花芽がつき、春にその花芽から伸びた新しい枝の先端に花が咲き実となります。

結実した小枝は、冬に枯れるので、冬以降切り取ります。

6月以降、長く伸びすぎている新しい枝は、他の枝の日当たりを妨げないように、切り戻します。

株元から新しい枝が出て混み合ってきたら元から切り、根茎からひこばえが出てくるので、根つきで切り、移植もします。

ブラックベリーの熟果

冬の間、長く伸びた枝の先端の花芽が、充実していないところを切り戻します。

鳥獣害対策

株元に木くずがあれば、コウモリガの幼虫が入っている可能性があります。見つけ次第、幼虫が入った枝を取り除きます。

果実の収穫

7月半ば～8月中旬に、充実して赤から紫色や黒くなった実を、へたごと収穫します。

樹で熟しすぎるとショウジョウバエなどが寄ってくるので、実が完熟して崩れる前に全部収穫します。

楽しみ方

ラズベリーほどの香気はありませんが、ボリュームのある甘酸っぱい味です。

生ではたくさん食べられませんので、少し食べて残りはジャムにしています。

（三井和夫）

バラ科　落葉低木

ラズベリー

素顔と栽培特性

ヨーロッパや北米などが原産の、キイチゴの仲間です。痩せた土地でもよく育ちます。

耐寒性が強く夏でも涼しいくらいの気候を好み、日当たりと水はけのよい土壌に適しています。自家結実性があるので、1株でも実がなります。

種類・品種

夏と秋に二度収穫できるインディアンサマー、セプテンバー、黄色い実をつけるゴールデンクイーンなどがあります。

私は、知人に株をいただいたインディアンサマーを栽培しています。3月に植えつけ、翌年から収穫できました。花は5～6月に咲き、実の収穫は6月中旬～7月と9月下旬～10月です。

植えつけ

日当たりと水はけのよい場所を選び、3月に植えつけます。

植えた後は、周囲に敷き草をしておきます。痩せたところでも、表土を裸にしていなければよく育ちます。

整枝・剪定

あまりいじらず自然な形に仕立てますが、2m近く枝が伸びるので、格子状に木や竹で骨組みをつくり、垣根仕立てにしたり、株仕立てやアーチ状にしたりして楽しむこともできます。

植えつけて2年で、前年に伸びた枝先に花芽がつき、春に花が咲き実ができます。

キイチゴの仲間は、地下茎から出るひこばえ（サッカー）と根元から出るシュートという枝が増えます。混み合ってきたら、根をつけた状態で切り離して移植すれば、新しい株に育ちます。

作業暦　○植えつけ　✿開花　××整枝・剪定　■収穫

1月	2月	3月	4月	5月	6月	7月	8月	9月	10月	11月	12月
	寒冷地	○○○	✿✿✿	××	×××	■	■		温暖地	○○○	×××

枝葉が混み合わないように枝を間引きして、風通しや日当たりをよくしますが、西日が強く当たらないように配慮します。

冬の間、混み合っている枝は切り、今年伸びた枝は、先端の花芽は充実していないので、よくふくらんだ芽のところの上まで切り戻します。実をつけた小枝は枯れるので切り取ります。

病害虫対策

株元に木くずがあれば、コウモリガの幼虫が入っている可能性があります。見つけ次第、幼虫が入った枝を取り除きます。

梅雨の雨が続くと、実が灰色かび病になることもあります。

甘酸っぱい味わいのラズベリー

支柱を立て、自然な形に仕立てる

果実の収穫

大きくなってよく熟した実は、しっかりした赤から濃い赤に変わりますので、その時期に収穫します。ブラックベリーと違って、へたから果実がきれいに離れます。果実は熟しすぎると、房がバラバラになってしまいます。

楽しみ方

朝の涼しいうちに、香りのある甘酸っぱい実を食べながら収穫するのが最高の楽しみです。日持ちしないので早めに食べ、残ったものは冷凍で貯蔵するか、すぐにジャムに加工します。

（三井和夫）

ツツジ科　常緑小低木

クランベリー（ツルコケモモ）

素顔と栽培特性

北米原産で、北米北東部の湿地帯に分布。日本では本州以北の高地の湿地帯などに自生しているコケモモの仲間。ツルコケモモとも呼ばれます。高さ20～30cm程度の小低木です。

5～6月に濃いピンク色の花を咲かせ、10月に小さな赤い実をつけます。また、常緑樹ですが秋には葉が紅葉します。落葉はせず、そのまま春に緑色に戻ります。

植えてから2～3年くらいで結実します。寒さに強く、夏でも涼しいくらいの気候を好みます。

果実は酸味が強く、生食には向きませんが、ジュースや果実酒、ジャムなどに加工するとおいしく食べられます。

球形で紅熟しはじめたクランベリーの実

種類・品種

市販されているポット苗は外国産が多いようですが、適地であれば丈夫に育ちます。自家結実性が高いので1本でも実をつけます。

植えつけ

湿地帯の植物なので湿った土質を好みますが、常に根が水中にあるようだ

作業暦　○植えつけ　✚開花　××整枝・剪定　▒収穫

1月	2月	3月	4月	5月	6月	7月	8月	9月	10月	11月	12月
	寒冷地	○○○							温暖地	○○○	
					✚✚✚	✚✚✚	✚✚✚	―▒	▒	▒	
				×××							

と生育が悪くなりますので、水はけがよく、かつ湿っているような土質が最適です。

日当たりと風通しがよく、夏でも涼しいような場所を選んで、寒冷地では3月、温暖地では11月に植えつけます。植えつけた後はたっぷりと水を与えます。

整枝・剪定

あまりいじらず、自然な形に仕立てます。

伸びた枝先を切り詰め、混み合った場所の日当たりや風通しをよくする程度の剪定を行います。

落葉せずに冬は紅葉、春は緑葉に

実の採取時期は 9月下旬～ 11月上旬

水やり

特に水やりの必要はありませんが、極度に乾燥している場合はたっぷりと水をやります。

果実の収穫

10月頃、果実が紅色に色づいたら収穫します。

楽しみ方

アメリカやカナダでは、クリスマスや感謝祭で食べるシチメンチョウに添えられるクランベリーソースは欠かせません。

このソースの基本は、クランベリーに砂糖を加え、果実が弾けてとろみがつくまで煮詰めたものであり、要するにクランベリージャムです。そこにオレンジジュースやレモンジュース、柑橘類の皮、ショウガ、シナモン、メイプルシロップ、ワインなど好みのものを加えて煮詰めることで、様々なアレンジがされています。

バラ科　落葉低木

ユスラウメ

素顔と栽培特性

中国原産で中国北部から朝鮮半島に分布し、日本には江戸時代に持ち込まれたとされています。耐寒性、耐暑性ともに強く、病害虫にも強いため、全国各地で栽培することができます。樹高が2～3mの小低木。庭木や盆栽としても親しまれており、あまり手をかけないでも十分に育ちます。

自家結実性なので、1本でもよく結実します。結果樹齢は2年ほどです。実生苗でも3年ほどで結実しますが、まれに花粉が不稔のものがあり、結実しない株もあります。開花の頃に天候不順だったり、ミツバチなどの訪花昆虫の飛来が少ないところでは人工授粉を行うこともあります。

4月に花を咲かせ、6月には小さな実がなります。果実は薄甘く、オウトウに似た味がします。実は生食の他、果実酒やジャムでも楽しめます。

種類・品種

薄桃色の花が咲き赤い実をつける赤実種と、白い花が咲き白い実をつける白実種がありますが、品種としては区別されていません。

ユスラウメの球形で紅熟した小さな実

作業暦　○植えつけ　✚開花　××整枝・剪定　■収穫

1月	2月	3月	4月	5月	6月	7月	8月	9月	10月	11月	12月
○○○	○○○	○○									○○○
		✚✚	✚✚	■	■						
×××	×××										

植えつけ

多湿と日照不足に弱いので、日当たりがよく、水はけのよい場所を選んで、12～3月に直径40cm、深さ40cm程度の穴を掘り、植えつけます。

植えた後は40～50cmに切り詰めます。

整枝・剪定

よく枝分かれする開帳性で、2m程度の低木です。枝が混み合うと枯れ枝が多くなり、実つきが悪くなるので、主枝を2～3本に仕立てるとよいでしょう。

葉は先端が細く、縁には鋸歯がある

実は5～6月に採取

植えつけ3年目までは新梢の伸びた枝先を切り詰めます。4年目以降は、混み合った場所の日当たりや風通しをよくする程度の剪定を行います。

株元から出るひこばえは、小さいうちから取り除くようにします。

摘果

実つきの多い部分は、適時摘果します。

果実の収穫

5～6月頃、よく色づき、熟した実から収穫します。

ただし、白実種は赤実種に比べ、熟したことがわかりにくいので注意する必要があります。

実は初めのうち細かい毛が密生していますが、熟すにつれて毛がなくなり、光沢が強くなってきます。赤実種は柄のないミニサクランボのようで、子どもたちの関心を呼び寄せます。

グミ科　常緑・落葉低木

グミ

素顔と栽培特性

東アジアを中心に、ヨーロッパ南部や北アメリカに分布しています。

日本でも10種類以上が平地から高山まで、各地に自生しており、常緑のものや落葉するもの、また蔓性のものなどと多様です。

常緑のものは関東以南の暖地に分布しており、秋に花が咲き、春に実が熟すものが多く、一方で落葉するものは全土に分布しており、春に花が咲き夏に実が熟すものがほとんどです。

植えてから3～4年で結実します。基本的には手がかからず、育てやすいので、庭木や生け垣にも利用されています。

果実は皮が薄くて変色、変質しやすいので店頭に出回ることはほとんどありません。庭先で育ててこそ楽しめる果実と言えるでしょう。

種類・品種

落葉性のグミは寒さに強く、ナツグミ、トウグミ、アキグミなどがあります。常緑性のグミは関東以西が適地で、ナワシログミ、ツルグミ、マルバグミなどがあります。これらの自生種はいずれも果実を食用にできます。

一般的に栽培されているグミは、トウグミの一種であるダイオウグミ（ビックリグミ）が多く、俵形の大きな実がなります。ダイオウグミは自家不結実性なので、他品種との混植が必要です。

植えつけ

日当たりと水はけのよい場所を選んで、落葉種は11～2月に、常緑種は3月に植えつけます。特に土質は選びません。

作業暦　○植えつけ　✚開花　××整枝・剪定　■収穫

1月	2月	3月	4月	5月	6月	7月	8月	9月	10月	11月	12月
○○○	○○○	○○○	○						○	○○○	○○○
			✚✚✚	✚—	—■	■					
×××	×××	×							×××	×××	×××

植えつけ後には50～60㎝に切り詰め、たっぷりの水を与えます。

整枝・剪定

ダイオウグミなどの立ち性種は1本の主幹を立て、主になる枝を2～3本残して樹形を整えていきます。常緑性のグミは、生け垣として利用することもできます。

2年目の冬の新しい枝は3分の1のところを剪定し、下のほうで幹から出ている小枝は元から切ります。3年目の冬の新しい枝は3分の1程度切り詰めます。新しい枝には花芽がついているので、その上の部分から剪定します。

グミの完熟した俵形の実

グミの成木（樹齢７年、11月）

病害虫対策

アブラムシがつきやすいので、注意が必要です。

果実の管理

新梢に花芽がつき、翌年、その花芽から新梢が伸びて開花、結実します。摘蕾や摘花はしません。

果実の収穫

実は緑から黄色、赤へと変化していき、完熟したものは渋みも酸味も少なくなります。しっかり完熟したものを収穫します。

楽しみ方

皮が薄く変色、変質しやすいので、収穫後直ちに生食や果実酒やジャムに利用します。（延命寺鋭雄）

クワ科　落葉高木

クワ

素顔と栽培特性

クワの原産地は東アジア、アメリカ、アフリカ。別名のマルベリーの名前でも親しまれています。

クワは、古くから葉をカイコのエサにするために栽培されてきた樹木で、日本でも全国各地の山野に広く自生しています。自然状態では10mを越える高木になります。

クワは雌雄異株なので、雌木にだけ実がなります。安定して果実を得るためには、数種類を混植する必要があります。

種類・品種

クワには赤実クワ、黒実クワ、白実クワの3系統があります。

紅色、紫黒色に熟したクワの実

私は栽培品種の白実クワ系統のゼルベ・ベヤズなどを植えています。ゼルベ・ベヤズはトルコから導入された品種で、通常のクワより大きな実がなります。

植えつけ

日当たりのよい場所、しかも根が深く張るので土層の深い場所を選んで植え穴を深め（50cmほど）に掘り、発芽

作業暦　○植えつけ　✤開花　××整枝・剪定　■収穫

1月	2月	3月	4月	5月	6月	7月	8月	9月	10月	11月	12月
		○○○	○								
			✤✤✤	✤—	■						
×××	×××	×									

前の3月に植えつけます。

植えつけた後は、たっぷりと水を与えます。

整枝・剪定

生育は旺盛なので、扱いやすい高さの開心自然形に仕立てます。落葉期に樹形を見て、混み枝や古い枝を剪定し、張り出す枝は切り詰めます。必要に応じて誘引します。

摘果

クワの若木（11月）

摘果は必ずしも必要ではありません。一カ所に多くの実がなり過ぎたら、5月頃の幼果のうち、一カ所に2～3個ずつ残すように摘果します。

果実の収穫

手で触り、簡単にとれるようであれば収穫適期です。6月頃から熟した実を収穫します。

（延命寺鋭雄）

楽しみ方

果皮が薄くて傷つきやすいので、収穫後はすぐに生食したり、ジャムや果実酒などに加工します。

また、クワの葉のお茶は、たんぱく質やミネラルを含み、体力回復や貧血症の増血に効果があるといわれています。うちでは1日20ｇを煎じて飲んでいます。

●クワの葉茶

〈つくり方〉

①6月から9月までの葉を採集する。

②葉を粗く刻んで日に干す。

（延命寺久美）

ユキノシタ科　落葉低木

スグリ（グースベリー）

素顔と栽培特性

樹高が1m程度のブッシュ状に育ち、ほとんど手間をかけなくても果実を楽しむことができます。果実は甘酸っぱく、生食のほかジュースやジャムなどに加工して楽しめます。ほとんど市場に出てこないので、家庭栽培ならではの味わいとなります。

耐寒性が強く冷涼な気候を好みますが、夏の高温乾燥を嫌うので、暖地では山間部や高所でないと栽培は難しくなります。土質は選ばず、よほど排水性の悪いところでなければ育ちます。

自家結実性があり、1株でも実がなります。

種類・品種

栽培種は、ヨーロッパ原産のオオスグリから改良されたもの、アメリカ原産のアメリカスグリから改良されたものです。

オオスグリ系（ドイツ大玉など）は、樹が小さいのですが果実が大きくなります。暑さに弱く、うどんこ病にかかりやすいので、関東地方以西での栽培は難しいでしょう。アメリカスグリ系（ピックスウェル、グレンダールなど）は、果実は小さいのですが、ある程度暑さに強くてうどんこ病にも強く、関東地方以西でも栽培することができます。

作業暦　○植えつけ　✣開花　××整枝・剪定　▨収穫

		寒冷地○○○								温暖地○○○	
			✣✣✣								
					▨収穫	▨収穫					
×××	×××										×××
1月	2月	3月	4月	5月	6月	7月	8月	9月	10月	11月	12月

植えつけ

冷涼な場所ならば日当たりがあっても構いませんが、関東地方以西の暖地では、西日が当たらず半日陰の場所を選んで植えます。よほど排水性が悪い場所でなければ、土質は選びません。

植えつけ時期は寒冷地では3月、温暖地では11月で、植えつけ後には水をたっぷりと与えます。切り戻しは必要ありません。

実は６～７月に採取

スグリは甘酸っぱい球形の液果

スグリの枝は根元から分枝し、株状になる

整枝・剪定

植えつけ後は地際から次々と新梢が出てきます。1～2月、強そうな新梢を3～4本残して、弱い新梢は間引きます。毎年これを繰り返し、15本ほどのブッシュ状に仕立てます。3～4年収穫した古い枝は、花芽がつかなくなってくるので株元から間引き、新しい枝に更新します。

また、日当たりと風通しをよくするように、徒長枝や混み合う部分の枝を間引きます。

病害虫対策

気温が高くなると、うどんこ病にかかりやすいので注意します。

果実の収穫

7～8月、果実に色がつき、柔らかくなってきたものから収穫します。日持ちしないので、収穫後はすぐに生食するか、ジャムなどに加工します。

（美斉津育夫）

ナス科　落葉低木
クコ

素顔と栽培特性

中国原産といわれていますが、日本でも各地の道端、土手、海岸などに広く自生しています。また古くから薬用植物として、また生け垣や庭木としても親しまれています。

高さ2～3ｍで、全体に粗大なトゲがあります。夏に淡紫色の小花をつけ、その後、約2㎝の鮮紅色で卵形の実を結びます。

日なたから半日陰で、水はけのよい場所であれば土質を選ばず、よく育ちます。

種類・品種

私は、栽培品種として苗木店で求めた千成クコを植えています。

植えつけ

日当たりがよく、土壌の深い場所を好みます。酸性が強すぎなければ、特に土質は選びません。

11月中旬～3月頃に植えつけます。

植えつけた後はたっぷりと水をやります。

整枝・剪定

株立ち仕立てで、幹枝を4～5本ぐらいにして伸ばします。古枝になったら更新します。

日当たりをよくするために、細い枝や混み合った枝、徒長枝などを間引きます。強めに剪定しても、開花や結実にはほとんど影響がありません。

垣根仕立てにして庭の仕切りに生かしたり、半球形に仕立てて庭のアクセントにしてみてもよいでしょう。

病害虫対策

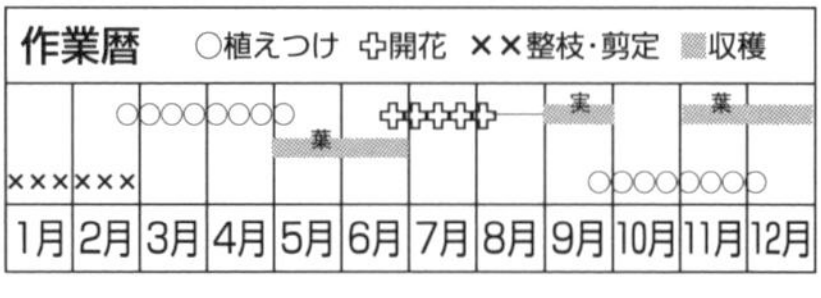

高さ１～２ｍの落葉性の低木（11月）

クコの紅熟した楕円形の小果

実だけでなく若芽、若葉も利用できる

病害虫はほとんど心配ありませんが、アブラムシがつきやすいので、見つけたらブラシなどで取り除きます。

果実の収穫

10～11月、鮮紅色に熟したところから収穫します。開花期は一般的には8～9月ですが、なかには10月頃まで咲き続けるものがあり、しばしば同じ枝に花と熟した実を見かけることがあります。

楽しみ方

クコは昔から不老長寿の民間薬といわれており、実も葉も利用できます。実はベタイン、メチオニン、レシチン、ルチンなどを多く含み、果実酒にして強壮剤として用いられます。

春先の柔らかい若芽や若葉を摘み取り、おひたしや天ぷらにすることができます。うちでは果実酒、クコ飯、クコ茶などにしています。（延命寺鋭雄）

マタタビ科　落葉蔓性

キウイフルーツ

素顔と栽培特性

原産地は中国揚子江（長江）中流域で、亜熱帯から温帯に自生しています。同じマタタビ科で日本原産のものにサルナシがあります。栽培されているものは中国からニュージーランドに渡って品種改良されたもので、1960年代に日本に導入されました。

雌花の咲く樹と雄花の咲く樹は異なり、両方植えないと結実しません。雌木に雄木を接ぎ木すると、一本の樹に両方の花が咲き、授粉できるようになります。

植えてから4年くらいで結実します。適地は温暖地ですが、風当たりの弱い、日だまりのような冷涼地でも栽培可能です。手入れをほとんどしなくても病気にもならず、生命力旺盛です。

キウイフルーツの果実は楕円状俵形

アーチ形に棚を仕立てる

種類・品種

貯蔵性に優れ最も多く栽培されているヘイワード、酸味が強く、追熟が早く貯蔵性が劣るブルーノやモンティ、甘みが強く酸味の少ないアボットなどが知られています。

雄木は、ヘイワードにはトムリが適していいます。また開花始めがトムリより早く開花終了期が遅いマツアは、ど

作業暦　○植えつけ　✙開花　××整枝・剪定　▒収穫

1月	2月	3月	4月	5月	6月	7月	8月	9月	10月	11月	12月
	寒冷地	○○○							温暖地	○○○	○○○
				✙	✙						
										▒	
			××	×××	×××	×××					

の品種にも適応します。

私のところではヘイワードを植えています。

植えつけ

過湿地や過乾地は避け、保水力のあるところを選んで植えつけます。発芽前の、温暖地では11～12月、冷涼地（山梨・長野など）では3月が適期です。

植え穴に根を広げ、水やりして、土を戻し支柱に結びます。

蔓性なので、枝を展開させるためのブドウ棚やフェンスなども用意しておきます。

枯れた枝を切り落とす

小さな実を摘果する

整枝・剪定

樹下が暗くならないように、適切に枝を切ります。浅根性のキウイフルーツですが、放置すると、樹高25ｍを超えるマツをおおってしまうほどに育ちます。

落葉している冬の間に、結実した枝の先に伸びている新しい枝の3～5芽を残して切り、結実しなかった枝は8～10芽残して先を切ります。夏の間に、勢いがありすぎて上に長く伸びた枝を間引くこともあります。

摘果

一つの花芽に3果ほどつくので、それを一つにするように摘果します。また、全体になりすぎていれば、適度に摘果します。摘果することで充実した大きな実になり、樹勢も弱らせないですみます。小さな実は、食べるところも少なく甘さものりません。皮も厚く、ジャムづくりにも苦労します。

果実の収穫

11月頃に収穫しますが、いつ収穫するのかの判断は難しく、実が大きくなっていても、収穫が早すぎると追熟しても甘くなりません。

私のところは、強い霜で一夜にして葉が枯れるようなところなので、この直前か直後まで待って収穫するようにしています。

果実が徐々に肥大（6月）

収穫果は追熟が必要

追熟・保存

収穫した実は、少し湿気のある涼しいところで、直射日光の当たらない場所に貯蔵します。

収穫したままだと酸っぱいだけなので、追熟が必要です。ビニール袋に5～10kgのキウイフルーツをリンゴ2～3個と一緒に入れ、15～20℃の温かい状態で約2週間追熟させると食べ頃になります。

長期貯蔵するには、適度の湿気を保って2～5℃の低温状態にします。0℃以下の状態だと、しなびたり発酵したりしてしまいます。

（三井和夫）

楽しみ方

我が家では、生食できない小さい実や変形したものもジャムにしています。ジャムは冬から春にかけて、追熟したものから順につくります。

●キウイフルーツジャム

〈つくり方〉

半分に切り、スプーンで果肉をこそげとり、砂糖を入れ、柔らかくなったものをミキサーにかけ、煮直してビン詰めします。

（三井郁子）

ブドウ科　落葉蔓性

ブドウ（生食用）

素顔と栽培特性

ブドウは、世界で最も多くつくられている果物。現在、栽培されているブドウは主として、ヨーロッパ種、アメリカ種、東北アジア種の三つの原生種がルーツといわれています。

ヨーロッパ種は雨が少なく、アルカリ性土壌に適したアレキサンドリア、ネオマスカットなどが、アメリカ種は北アメリカでは雨がわりと多く酸性土壌に適したキャンベル、ナイヤガラが、カリフォルニア州では雨が少なく、ワイン用品種が主力です。

日本では古くから甲州種が栽培されてきましたが、明治期にヨーロッパ種とアメリカ種を導入し、日本でも育てやすいように品種改良が行われ、様々な品種が生まれています。

種類・品種

主な品種は次のとおりです。

交雑種

アメリカ種とヨーロッパ種を掛け合わせてつくられた品種。病気に強く、多汁で甘みが強く酸味が少ない。家庭果樹としても向いている。

・**デラウェア**　土壌の適応力が強く、全国的に栽培されている。果実は濃い赤色で粒が小さく、甘みが強く酸味は少ない。慣行栽培では種なしブドウとして流通しており、日本で最も普及している品種。熟期は7月下旬〜8月中旬。自然農での熟期は8月中旬〜9月上旬（作業暦参照）。

・**キャンベルアーリー**　耐寒性が強く、北海道や東北でも栽培されている。やや乾燥に弱い。熟期は8月上旬〜中旬。

・**マスカットベリーA**　やや乾燥に弱い。実は紫黒色で大粒。酸味が強く濃厚で、赤ワインの主要品

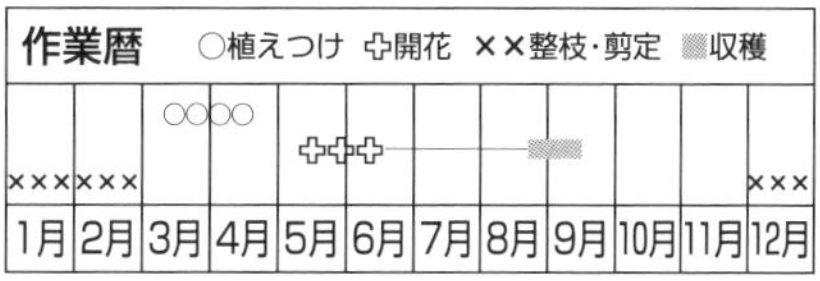

品種 デラウェア（自然農による）

自然農によるデラウェア

キャンベルアーリー

マスカットベリーA

甲州（生食・ワイン用兼用種）

種だが、生食もできる。熟期は9月中旬。

ヨーロッパ種

乾燥地に適した品種群で日本での露地栽培に向かないものが多いが、育てやすいものもある。

- **ネオマスカット**　日本の気候に適するように改良されたヨーロッパ種で、病害虫に強く露地栽培が可能。暖地での栽培に向く。熟実は緑黄色で甘みが強く、香りもよい。熟期は9月上旬。

四倍体品種

果実が大きくなるように育成された品種です。

- **巨峰**　静岡県の大井上康氏の育成によるもの。寒冷地でも栽培可能だが、暖地向き。黒色で粒は大きい。甘みが強く酸味は少ない。熟期は8月上旬〜9月下旬。
- **ピオーネ**　樹勢は巨峰より強いが、実留まりは巨峰に劣る。黒色で巨峰よりも粒は大きく、甘みも強い。熟期は8月中旬〜9月下旬。

私が自然農に切り替えてから（ひと口メモ参照）育てている品種はデラウェアです。慣行栽培でも最も農薬散布回数が少なくて済む品種であり、自然農

ブドウの結果母枝の剪定（デラウェア）

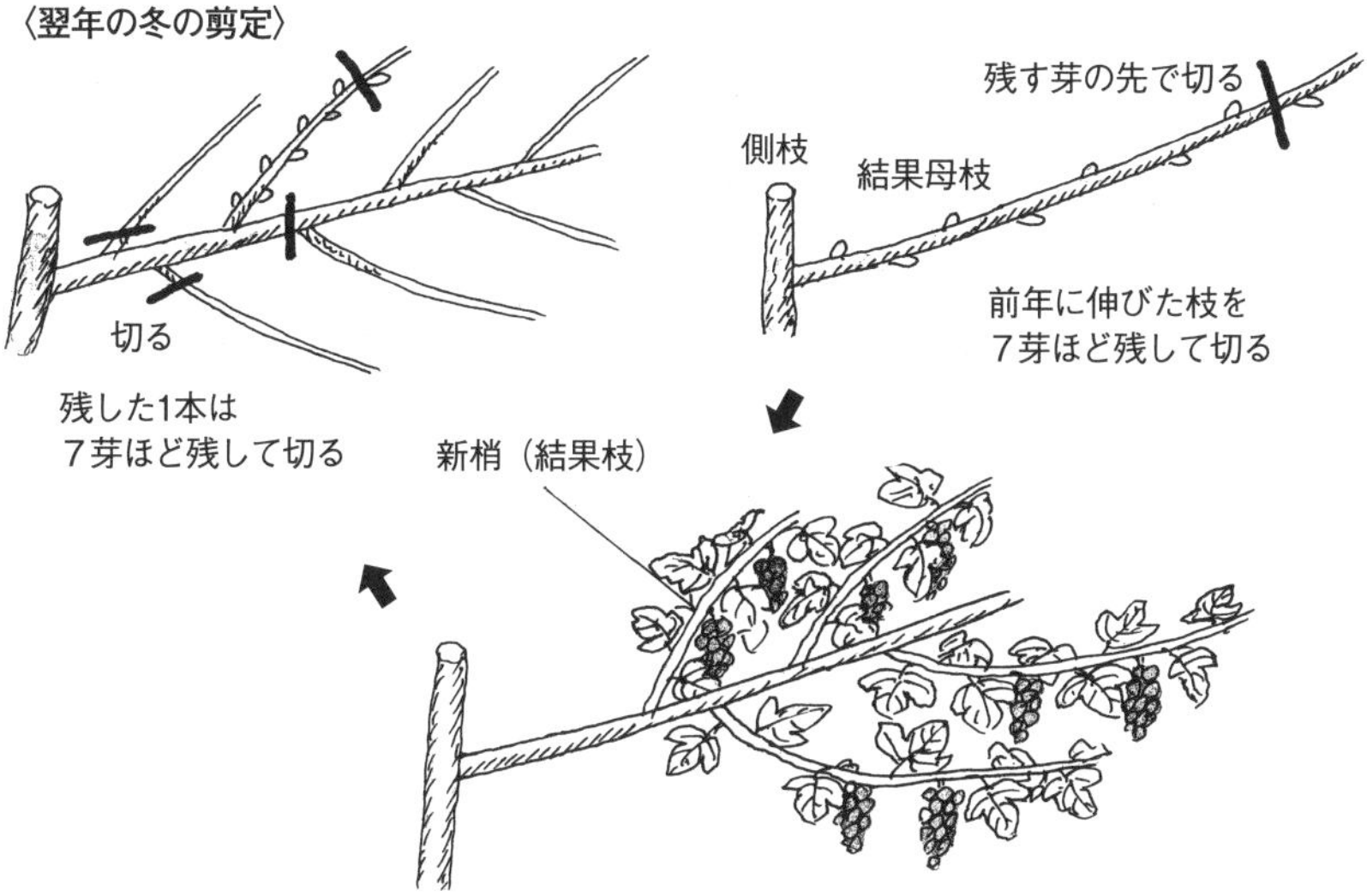

では一番育てやすいブドウだと思います。

自然農のデラウェアは種があり、味が濃くて抜群の甘さ。皮ごと種ごと食べる方もいるほどです。

植えつけ

日当たりと水はけがよい場所を選んで、３月下旬～4月上旬に植えつけます、土質は選びません。

まず、根元から10㎝ほどの高さまでを根ごと土中に埋めます。地上部から40～50㎝のところを切り戻します。苗木は、地上部から接合部までの高さを10㎝ほどになるようにします。

蔓性なので、枝を展開させるためのブドウ棚なども用意しておきます。

整枝・剪定

12月頃に剪定を行います。

まず、枯れ枝や、不必要な結果母枝（前のシーズンに伸びた枝）や側枝（結果母枝の前年に伸びた枝）の間引き剪定を行います（**図参照**）。

枝の基部から間引くように切ります。剪定ばさみや、太い側枝を切る場合はノコギリを使用します。1本の側枝に対し、残す結果母枝は1~2本にします。次に、残した結果母枝を長梢剪定します。結果母枝を7芽くらいで切り返し剪定し、そこから出る芽が翌年の実をつける新梢（結果枝）となる剪定です。整枝の型は、自然の形に沿うように心がけています。

蔓しばり

2月頃、蔓しばりを行います。結果母枝や側枝をブドウ棚に固定します。柔らかめのバインダー線を使い、枝になるべく負荷がかからないように留めます。自然な枝ぶりに沿いながらも、枝が重ならないように行います。

芽かき・摘蕾

4月下旬に芽かき（不要の芽を取り除く）を行います。結果母枝から出てくる新しい芽を、段階的に三つか四つまで減らします。これが伸びて新梢となり、それぞれの新梢に実がなっていきます。

5月中旬に摘蕾を行います。一本の新梢にたくさんの蕾がつきます。新梢一本につき、蕾の数を二つに調整します。短果枝（短い枝）は蕾を一つにします。

新梢の固定

5月下旬に新梢をブドウ棚に固定します。紙テープを使用します。重ならないように基本的には放射状に伸ばします。新梢は長くなると、風で折れてしまうこともあるので、場合によっては摘蕾より先に行います。私の地域では5月頃にときどき強い風が吹くので気をつけています。

花のかす落とし

6月初旬に、咲き終わったブドウの花のかすを落とします。花のかすが残るとコナカイガラムシなどがつきやすくなったり、小さな蜘蛛が房の中に巣を張ったりしますので、一房ごときれいにします。

傘かけ

6月中旬に傘かけを行います。傘紙を一房ごとに

ブドウの開花

棚仕立てのブドウ園。剪定前の状態

花のかすを落とした後の房

結果枝となる新梢

かけます。理由としては、鳥よけ、粒の日焼け防止、雨よけが挙げられます。

摘房

7月に摘房を行います。生育状況を見ながら、適宜施し、房の数を調整します。結果過多（ならせ過ぎ）は不作の大きな要因となります。自然農の場合、慣行栽培と比較すると、収量を約半分から多くても3分の2くらいまでに最終的に調整します。

果実の収穫

8月中旬〜9月上旬が収穫期です。収穫もある意味では摘房です。房の熟し度合いと全体のバランスを見極めながら早く熟した房から順次収穫していきます。

草の管理

棚下の風通しを常によくするため、草は膝上くらいまで伸びてきたら刈るようにしています。棚栽培の場合は、棚までの空間も含めて畑と考える視点が大切です。

病害虫対策

ブドウ栽培では難しいといわれている自然農に切り替えて4年が経ちますが、木の病気や虫のことで悩まされるという事態に陥ったことはほとんどありません。唯一困ったのは、収穫期に発生するナメクジくらいです。常にていねいな手入れ作業を心がけることが大切です。

ひと口メモ

私の実家は代々ブドウ農家で、両親の代までは農薬を使用するごく一般的な慣行栽培を行ってきました。私は4年前の２００８年、受け継いだ畑を無農薬、無肥料、不耕起の自然農に切り替えました。切り替えた当初は、ほとんどの樹が4年~8年くらいで、3年未満の若い樹が数本でした。

最初の2年間は、秋になると、ほとんどの葉が紅葉する前に落ちてしまいました。春の芽吹きから生育期は拍子抜けするほど順調でしたが、収穫期を前にする頃になると、早くも一部の葉が黄色くなり、落ち始めてしまいました。房は色づくところまではなんとかなるのですが、房の状態は玉の張りが悪くフニャフニャでした。粒つきが悪いものも多々見受けられました。

3年目の秋になって、紅葉する前に落ちてしまう葉の率が減りました。生育期には、房の数を思い切ってそれまでの半分に減らしました。収穫期前の天候に恵まれたこともあり、3年目の夏にはしっかりした房ができました。味のほうは、すでに1年目から、種のあるブドウならではのおいしさがはっきりとありました。

今、4年目の収穫を間近に控えていますが、樹が年ごとに強くなってきているのを感じます。また、畑に生えてくる草の種類も変化してきて、徐々に畑全体のバランスが自然に取れてきています。

この絶妙な世界のバランスを崩さないように触れるには、〝謙虚さと感謝〟の気持ちを常に忘れないでいることが最も大事なことだと、ひしひしと感じています。

（本田幸雄）

ブドウ科　落葉蔓性

ブドウ（ワイン用）

素顔と栽培特性

日本では生食用が主流でしたが、近年はワイン用のブドウ栽培も盛んになってきています。

種類・品種

ワイン用のブドウ品種には、代表的なものとして赤ワイン用のカベルネソービニオン、メルローなど、白ワイン用にセミヨン、ソービニオンブランなどがあります。その他にも、地域固有のものまで含めると、1000種類以上あるとされています。日本のワイン用品種としては、赤ワイン用のマスカットベリーA（生食兼用）、白ワイン用の甲州が知られています。

また、近年は日本古来のヤマブドウなどを活かして交配させた赤ワイン用のヤマソービニオン、白ワイン用のヤマブランなどの栽培も盛んになっており、国産ワインブームの支え役になっています。

私が栽培しているのは赤ワイン用品種のヤマソービニオンです。これはヤマブドウとヨーロッパ系のカベルネソービニオンを掛け合わせた交雑種です。中房・小粒・紫黒色で、9月下旬に成熟する中生のブドウです。

枝を展開させたブドウ棚（11月）

赤ワイン用のヤマソービニオン

作業暦　○植えつけ　✤開花　××整枝・剪定　■収穫

1月	2月	3月	4月	5月	6月	7月	8月	9月	10月	11月	12月
×××	××× ○○	× ○○○		✤✤✤	✤✤	―	― ■	■		×	×××

品種 ヤマソービニオン

植えつけ

日当たりと水はけがよい場所を選んで、３～４月に植えつけます、土質は選びません。

支柱にしっかりと固定させ、植えた後は60～70㎝程度にあるよい芽と、その上の芽の中間あたりで切り戻します。

蔓性なので、枝を展開させるためのブドウ棚やフェンスなども用意しておきます。

整枝・剪定

木が大きくなるまでは、枝の伸長を中心に行います。前年の枝が伸びていくので、混み合わない程度に剪定します。2～3年目は、その年の伸びた枝の7～8芽を残して切り詰め、枝と枝の間隔が25㎝くらいになるように間引き剪定します。

近年、ワイン用のブドウはヨーロッパのように垣根仕立てで栽培されることも多くなってきましたが、私は棚による水平下垂仕立てで、主梢は１４０～１６０㎝にして、結果母枝から左右に新梢を１８０㎝程度垂らしています。

開花・結実

品種にもよりますが、５～６月に開花が始まります。結実した果実は肥大し、成熟期に進みます。成熟が進むにつれて果実に色がつきはじめ、糖分は増加、酸度は減少し、果実は柔らかくなります。

果実の収穫

収穫期は果汁の糖度や酸度を分析したり、着色度合いなどを見ながら適期を決める必要があります。これまでの経験や気象条件なども大切になります。私の場合は、成熟したものから収穫しています。

楽しみ方

ワインづくりは委託醸造先に依頼しています。無添加醸造で、酸化防止剤は使用していません。やや甘口の、芳醇な味わいに仕上がっています

（延命寺鋭雄）

アケビ科　落葉蔓性低木

アケビ

素顔と栽培特性

　本州、四国、九州の山野に自生している蔓性の植物で、他の植物に巻きついて成長します。耐寒性に優れ、半日陰のような場所でも育つので、植える場所を選びません。

　楕円形の果実は熟すと縦に裂け、果肉はゼリー状で細かい種子をたくさん含んでいます。食べにくいのですが、独特の風味を楽しめます。また、皮もあく抜きをして食べることができ、秋田や山形のアケビ料理は有名です。さらに春先の新芽や若い葉は、山菜として天ぷらやおひたしにすることもできます。

　関東以西に自生するムベは、アケビとよく似ていますが常緑で、果実は熟しても割れません。果実はアケビと同じように利用することができます。

種類・品種

　小葉が5枚のものがアケビ、3枚のものがミツバアケビ、これらの雑種であるゴヨウアケビがあります。山形県などで栽培されている紫峰《しほう》、蔵王《ざおう》紫峰《しほう》はミツバアケビの系統で、果皮が青紫色になります。

アケビの果実。熟すと裂ける

作業暦　○植えつけ　✤開花　××整枝・剪定　▒収穫

1月	2月	3月	4月	5月	6月	7月	8月	9月	10月	11月	12月
○○○	○○○	○○○	✤✤	✤✤	×××			▒	▒		○○○

アケビは自家結実性が低いので、果実をならせるためには2品種以上を混植する必要があります。

植えつけ

12～3月の間に植えつけます。日当たりがよい場所を好みますが、半日陰程度ならば十分に育ちます。浅根性で寒さに強く、乾燥に弱いです。

植えつけ後は30～40㎝程度に切り戻します。

蔓性なので、枝を展開させるための棚やフェンス、アーチなども用意しておきます。

棚仕立てのアケビ栽培（9月）

整枝・剪定

棚やフェンス、アーチなどに添わせて育てます。主枝となる枝を2～3本伸ばして棚などに誘引します。植えつけ3年目くらいまでは、主枝がよく成長するように、よけいな枝を剪定します。ある程度形になったら、日当たりや風通しがよくなるように混み合った枝を剪定する程度で済ませます。

摘果

数多くならせすぎると、翌年が雄花ばかりになり着果数が減ることがありますので、一カ所にたくさん結果しているときは、一カ所に2個程度になるように早めに摘果します。

果実の収穫

9月末～10月、外皮が十分に色づき、果実が柔らかくなってきたら、割れる前に収穫します。

第3章

報告 自然農の果物づくり事始め

コンパクトに仕立てた小ウメ（静岡県沼津市）

多彩な恵みをもたらす自然農の果樹園で

山梨県北杜市　三井　和夫

果樹農家を目指すも農薬で体調悪化

幼い頃、実家の東隣はモモ畑で、その樹の下ではコンニャクを栽培していました。私は柔らかく熟したモモより、芯まで赤く染まったしっかりしたモモが好きで、夏休みになると毎日腹一杯食べていました。モモの樹に登ってよく遊びましたし、冬の夜には炬燵にあたりながら、新聞紙のモモの袋づくりを手伝ったこともありました。

このモモ畑は、農薬を散布すると赤布を立て、立ち入り禁止になりました。その臭いは今でも憶えています。

三井和夫さんと愛猫（母屋近くで）

やがて私は、リンゴやモモを中心とした専業農家を目指し、農業改良普及所や、果樹の苗木の生産から販売までする苗木屋さんに世話になりながら果樹栽培を始めましたが、農薬散布の後にいつも体調が

スモモの実が肥大

モモの古木（樹齢30年）

悪くなってしまっていました。何度かそれを繰り返すうちに「これではとても続けていかれない」と悟り、栽培を始めて5年目からは農薬散布を春先の石灰硫黄合剤だけにしました。その結果、モモは袋をかければ十分収穫できましたが、リンゴには大量の虫が、葉だけでなく幹にもどんどん入ってしまいました。

そんな状態で9月初旬に収穫した、つがるは、ジャガイモの肌のようになっていましたが、ぎゅっとしまった甘い味がしたことが忘れられません。しかし、ふじは、とても食べられるものではありませんでした。そして2年間収穫できたつがるも、結局はどんどん枯れてゆき、リンゴの樹は全てなくなってしまいました。モモも、2本を残して全て伐採しました。その2本は今も老木ながら実を収穫しています。

自然農栽培に変え、実や花を楽しむ毎日

その後、米や野菜を中心にした田畑での栽培に変わりましたが、結婚祝いにいただいたスモモや、ア

ンズ、ウメ、モモ、キウイフルーツ、ブルーベリー、ラズベリー、ブラックベリーなどを、少しずつ植えて育ててきました。果樹農家を目指していた頃と違って農薬散布はやめ、堆肥も入れることなく、下草刈りを年4回くらいに抑え、剪定もあまりしなくなりました。

モモは、摘果と袋かけをして、枯れ枝を取り、全体に日が当たるように、若葉が出る頃に少し切る程度ですが、それでも完熟したおいしい実が食べられます。袋かけをした半分くらいの収穫ですが、私のつくった野菜を食べてくれる消費者の方々への野菜便に入れて届けられるのも嬉しいことです。痛んだ果実はジャムやシロップ漬けにしておきます。

スモモも10年くらい前まではたくさん収穫でき、野菜便の中に入れたり、ジャムに加工していました。最近は樹が高くなりすぎて実が収穫できなくなり、満開の白い花と香りを楽しむだけになっています。私が年齢を重ねるとともに、アクロバチックな動きができなくなってきたこともあります。今後は勢いを回復させるように、樹高を下げ、幹や枝を少しずつ切り戻そうと思っています。

6年前に、私の大好きな果物であるリンゴをあらためて植えました。長野県の果樹苗木屋さんから購入した、丸葉カイドウの台木の紅玉の苗を3本と、ホームセンターで購入した矮化のつがるです。リンゴは、他の果樹に比べて食べに来る虫も多く、病気にもなります。こまめに見て、虫を捕えたり病気の葉を摘んだりすることで、3年目で少し実が収穫できるようになりました。4年目には袋かけをしたのですが動物に食べられ、斑点落葉病にもなりまし

植えつけ6年目のリンゴ（つがる）

た。またカミキリムシの幼虫が入って大穴を空けられたことで樹勢が急に弱くなり、葉の展開も少なく、枝が目立つようになった樹もあります。

ウメの樹は、祖父の代の頃からの古木もあります。春一番に咲き、毎年実をつけて、収穫し、梅漬けや、梅ジュースで楽しんでいます。

ウメの花は春の目覚めを促してくれます。そしてスモモの白い花、アンズの赤味の強いモモ色、モモの花、リンゴの白い花、ブルーベリーの下向きのふくらんだ花など、花が続けて咲く春は果樹が最も輝いている季節です。

見事な花は、見ているだけで嬉しくなり、剪定がついついできなくなってしまいます。手入れが行きとどかず、枯らしてしまったものもありますが、多くの果樹が実を結んで、収穫の喜びを味わわせてくれています。

外へ伸びる枝で手入れ不足を実感

私の果樹園の東隣は破竹の勢いの竹林となっていて、その中にケヤキやサクラの大木が大きく育って

リンゴの果実が肥大

収穫間近のウメの実（白加賀）

収穫期のアンズ（平和、6月）

います。6~7月は、園の中のあちこちからタケノコが出て来ます。西隣の家の庭にも出ることがあるので、繁殖力に圧倒されます。とにかくタケノコは出て来れば切り、地表近くに根が出て来たら根も切り取っていますが、日当たりが悪くなってしまうのは仕方がありません。

一番大事な太陽の光が当たらなくなると、果樹は光を求めて、光の方向に伸びていきます。スモモの太陽という晩生の品種は、いつも花だけで実はどんどん落ちていました。竹が上にかぶさり、また南側の大石早生というスモモも大きくなって、年ごとに光を遮ってしまっていたのです。

若木のクリの下草を刈る

その結果、15年生ぐらいで、ある日突然倒れてしまいました。直径25㎝ほどの樹でしたが、下に竹の根が伸び、光も当たらず、耐え切れなかったのです。日当たりが悪くなって、外へ外へと幹や枝を伸ばしていた姿は、私の対応の悪さを物語っていましたが、それに気づきませんでした。

果樹園は、残念ながら何年も手抜き状態で、手入れが滞っているのが現状です。毎年少しずつ手入れができればよいのですが、何年か放置すると、一度に切る枝も多くなり、徒長枝も多くなります。でも、そこからまた花が咲き実もなります。果樹の生命が全うできるように、私も対応していきたいと思います。

果樹栽培は新鮮な身体感覚が味わえる

自然農に切り換える前は、モモの袋かけと田植えが重なり、果菜類の定植も同時期で、とても大変でした。現在は、田植えは大麦の収穫の後の6月下旬

田んぼの畦塗りを終了

苗代（例年より分けつが少ない）

草を倒しての田植え（三井郁子さん）

なので、農作業の分担もうまくいっています。

米、麦、大豆、野菜の農作業は、地面に近いところで行います。草を刈る、鍬を使う、間引き、収穫など、身体を内側に引っ張るような力の使い方が多いので、身体が固まりやすいと思います。

私は身をかがめて行うナスやトマト、ピーマンなどの果菜類の定植と並行して、モモなどの袋かけをしています。立って背伸びをしたり、手を伸ばして上を見ることも多く、足も伸びます。果樹の農作業は野菜などの農作業と違って身体を伸ばすことが多く、身体も喜びます。

また、樹に上って幹から幹に移ったりすることで、身体が固くなっているのに気づき、ほぐすこともあります。

果樹栽培は新鮮な身体感覚も味わえるので、楽しいです。

豊かな地表の恵みがあってこそのいのち

私は自給自足だけを目指しているわけではありませんが、この地に暮らし、米麦、野菜、果樹などを

植えつけ７年目のクリ（開花期）

植えつけて間もないブドウの苗木（醸造用の品種メルロー）

手がけていく中で、この地の豊かさと可能性に気づかされ続けています。

　果樹の苗木と同様、漢方生薬に使う植物を栽培しようと思い立ち、縁あって何種類かの苗が手に入りました。その植物は、実は江戸時代に盛んに栽培されていたのだそうで、不思議な気持ちになりました。

　母親は私のことを「落ち着きがない」とよく言っていました。その私が、こうしてじっくりと農に携わっていられるのは、日々新鮮な発見や感動があり、成長している実感があるからです。川口由一さんがおっしゃった言葉に「必要なものは全て準備されている」というものがあります。まさに「そうなんだなあ」と思います。

　遠くに求め、あくなき欲求のまま突っ走り、不安にかられ、栄養ドリンクを飲んで仕事に向かい、「除菌、除菌」と薬などを使って自らのいのちを削ることは、他のいのちにとっても致命的になります。また、東日本大震災を経験したことで「人間のつくってきたものを人間はゴミにしてしまう」とあらためて感じます。

　その時々の欲望で自然界の宝物を浪費し、ゴミにしているところには、いのちの未来は見えません。かけがえのない地球上で、豊かな地表の恵みがあり続けてこそ、人類を含め、生きもののいのちも全うできるのだと思います。

妙なる畑で適地適作の果樹づくり

和歌山県みなべ町　勇惣 浩生

防除なしで綺麗なウメづくりは可能か

みなさんは「自然農」で、香りがよくて見た目も美しいウメを収穫することは容易なことだと思われますか？　それとも難しいと思われますか？

もし、あなたが一般の消費者の方なら「それはそれほど難しいことではない」と思うかもしれません。でも、もしあなたが生産者だとしたら「それはかなり難しいことだ」と言われる方が多いことと思います。

実は私も、つい6年前までは後者（難しいと考えているほう）でした。その時点では、まだ正確には生産者とは言えなかったのですが……。

ウメを収穫する勇惣浩生さん

私は「日本一の梅の里」、和歌山県みなべ町（旧、南部川村）に生まれ育ちました。南部川村は、私が小中学生の頃は「梅採り休み」（今でいう勤労体験

見渡すかぎりのウメが開花

色づきはじめた山間地のウメの実

梅の里みなべ町の案内塔

学習）があるほど南高梅の生産が盛んで、青ウメや梅干しの生産を中心とした、農業と加工・販売業を基幹産業とする村でした。そんな南高梅栽培のメッカという地域の特性を受けて、私の両親も勤めのかたわら、５反ほどですが南高梅を栽培・出荷していました。

　村内では収穫の時期ともなると、収穫量や値段の話題とともに、「今年はかいよう（病）がきついさか、かなわん」「消毒のかかりが悪かったところの『みっちゃ』（黒星病にかかったウメの実）が多くて、選果に具（手間）がかかってしゃあない」「雨続きでスス（斑病）が心配や」といった会話があちこちで聞かれました。

　ですから私は、育ってくる中で自然と「防除なしでは綺麗なウメは収穫できないものだ」と思い込んでいたのです。

　私は両親の影響も受けて、教職の道に進みました。ただ時代の変化もあり、また教職に専念したいとの想いもあったので、農業を引き継ぐことはしませんでした。そのため、二十数年前に父が病に倒れて以来、うちのウメ畑は叔父につくってもらっていました。

「自然農」との出会いによって

私の自然農（川口由一さん）との出会いは、今から14年前に遡ります。１９９８年2月、初めて参加した赤目自然農塾の田畑を見て、川口さんのお話を聴いたとき、私は、自分がそのときまで求めていたことに対する答えがそこにあると直感しました。

当時の私は、さらに2年前の１９９６年に聴いた講演で地球環境の危機的な状況に大きなショックを受け、小学校の教師である自分にできることは「環境教育」であるとの想いを抱き、あらためてそれを学ぶために2年間の国内留学をさせてもらっている立場にありました。しかし環境教育を学ぶ過程ですでに、学校教育の場での環境教育の限界を感じはじめてしまっていたのです。

米も野菜も果物も自然農で

そんなときに出会った師の姿、そして「自然農」の妙なる田畑に、私は全ての問題を解決することのできる糸口がそこから広がっているように思えました。そしてその思いは、「自然農」の田畑に立つことを重ねていくにつれ、確信へと変わっていったのです。

そうして始まった私の「自然農」は、14年を経て、自給的なお米づくりから栽培農家としての野菜づくり、そして果樹づくりへと広がっていきました。

小学校教師から自然農の百姓へ

今から6年前（２００６年）、周囲の反対を押し切って教職を辞し「自然農」の百姓になった私は、叔父からウメ畑の一部（約1反）を返してもらってウメづくりもすることになりました。そして自分で栽培するのであれば、それは「自然農」のやり方をおいて他にはありませんでした。

当初は、叔父からも周囲からも「そんな消毒もせんと綺麗なウメなんぞできるか！」と笑われたものでした。そして、先にも書いたように私自身も内心「そうかも知れないな」と思っていました。ですから、最初の年に学んだ剪定技術を基に剪定はきっちり行ったものの、次の年に青ウメをどうしたいという思いは特にありませんでした。ただ、習った技能を実際に使ってみたい、それだけだったのです。

植えつけ３年目のウメの若木

収穫間近のウメの実

思いがけず、綺麗なウメの実が！

私が自然農を始めた翌年、娘が通っている保育園から「梅ジュースを漬けるために、栽培農家の皆さんは青ウメ1kg持たせてください」とのお知らせが届きました。せっかくだからと山のウメ畑に青ウメを採りに行った私は目を見張りました。そこには黒星病もかいよう病もついていない、綺麗なウメの実がなっていたからです。

ただ、その年は不作の年で、盛りを過ぎた古木には、ウメの実はこっちに三つ、あっちに五つと数えられるほどでした。ですから、その年は結局、青ウメ出荷はしませんでした。ウメの実が美しかったことを叔父に話すと、「そりゃ1年目やからやろ。去年までの防除の効果が残ってんねや。来年あたりからはそうはいかへんで」と言われてしまいました。それでも私は農薬や除草剤を使う気にはなれず、それ以降も使っていません。

ウメの実の収穫

剪定前のウメの成木

青ウメの選果

剪定後の状態

そして、幸いなことに、無農薬栽培を始めて以来6年間、天の助けもあって、昨年（2011年）にスス斑病が初期から出たことを除いては、うちのウメ畑の樹は毎年、綺麗な実をつけ続けてくれています。

昨年のスス斑病に関しては、和歌山県の入梅が例年より18日早く、逆に収穫時期が1週間以上遅れたという近年にない特異な気候によって、（慣行のウメ栽培を行っている農家も含めて）地域の全体に起こっていたことを考えれば、特段「自然農」だからということではないと考えています。

柑橘栽培にもチャレンジ

この6年間で栽培面積も少しずつ広がり、現在では柑橘の畑を合わせると、合計5反ほどの果樹園の世話をするようになっています。もちろん全て「自然農」での栽培です。

うちの二つの園地のウメの木は私が中学生の頃に父が改植したもので、35年以上が経ちだんだん収穫量が減ってきたので、本格的に百姓を始めた次の年から、少しずつ改植してきています。

そして「せっかくだから、ウメだけではなくて柑橘も栽培してみよう」と思い立ち、4年前（2008年）からは、ハッサク、レモン、三宝、デコポン、太田ポンカン、オウトウ（サクランボ）など、いろいろな種類の柑橘（主に中晩柑）や果樹を年に25本ぐらいずつ（1種類それぞれ5本ぐらいずつ）、樹園地の一部に植えていっています。

最初の年に植えたハッサクなどは、すでに4m以上に育っています。もちろん無農薬栽培で、肥料もここ3年間は無施肥ですが、元気に逞しく育っています。

自然農での心配は無用だった！

うちのウメ畑の片隅に、ハッサクとバレンシアオレンジの成木が1本ずつあります。毎年一定数の果実が収穫でき、お野菜セットの一品やオマケとして重宝しているのですが、よく考えてみると、それらの木は、私が物心ついた頃に両親が植えたものです。両親が健在の頃は、剪定も枯れ枝を落とす程度

ウメの畑の端にあるハッサク

風味のよいハッサクの果実

父母が植えたバレンシアオレンジ

開花したオウトウの枝にメジロが飛来

オウトウは果柄の基部を指で引っぱって収穫

植えつけ３年目のポンカン

で、取り立てて防除や施肥もしていない、ほぼ放任栽培といってもいいような樹です。

つまり、ウメにしろ柑橘にしろ、農薬や化学肥料を使わず、肥料を施さず、中耕をしなくとも、いや、むしろ使わない、施さない、耕さないからこそ、おいしくて美しい果実をいただけているのだと感じています。

そう考えてみると、最初の年は「どうなることか」と気がかりだった「自然農」でのウメや柑橘の栽培でしたが、実はその心配も必要のない取り越し苦労だったようです。

やはり適地適作、適品種で

ただし、適地適作というものはあると考えています。品種の特性を書籍などで学ぶとともに、しっかり樹を見て、その地での栽培に向いている品種であるかどうかを判断することは重要だと思います。

野菜と違って果樹の場合は、植えてから果実の収穫に至るまで少なくとも数年はかかりますので、せっかく自然農で栽培されるのなら、「自然農」に向いていると考えられる品種つまり、適品種、また旧来からその地での栽培が勧められてきた樹種や品種を選ぶことも賢い選択でしょう。ちなみに私は、そういう点を考慮して、ウメや柑橘の品種を選択してきたつもりです。

果樹栽培は楽しい

両親が植えてくれた樹を引き継いだ部分がありながらも、私が実際にウメや柑橘の世話をしてきた期間は、まだ6年にすぎません。そしてこの本では、6年間果樹を育て畑や樹を見てきたことから、私が今の時点で言えることを真摯に書かせてもらったつもりですが、それが本当に正解であるかどうかは今の段階では私にもわかりません。

満開の小ウメの花。授粉樹として活躍

青ウメの収穫

しかし、果樹づくりは本当に楽しいです。そして、そこから手にすることのできる季節の果実の味わいは、また格別です。ぜひ皆さんも栽培をしてみてください。そして、何かわかったり感じたりしたことがありましたら、私にも教えていただければ、とてもありがたいです。

私の文章が、皆さんが果樹づくりを始められるほんの一助にでもなれば幸いです。もちろん、私もこれからもいろいろと学び続けながら、ウメや柑橘を中心に健康な果樹を育て、多くの皆さんに喜んでもらうことができるよう、精進を続けていく所存です。

実を結ぶ果樹園は虫や鳥が飛び交う楽園

兵庫県淡路市　延命寺　鋭雄

「将来は故郷で農業を」と人生設計

私が暮らしている淡路島は、海流の関係で冬は暖かく、夏は涼しい過ごしやすい気候です。対岸の神戸と比べると、冬は２℃高く、夏は２℃低い日が多くあります。さらに、私の暮らしているところは海抜１００ｍにあるので、夜は海からの風が吹き、夏には夜中に窓を閉めないと寒く感じるときもあるくらいです。雪は、何年かに一度うっすらと積もる程度しか降りません。

淡路島では、この温暖な気候と豊富な山からの湧水を利用して、カーネーション、菊、スイートピー、キンセンカ、菜の花などの花づくりが盛んに行われています。もちろん米や穀物をはじめ野菜類も多くの種類が栽培され、特にタマネギ生産は有名です。果物も、温暖な土地でできるものならば、すべて栽

延命寺鋭雄さんと久美さん

ネーブルの樹姿

培することが可能です。

私はそんな淡路島で生まれましたが、学校へ行くようになってから父親の仕事の関係で大阪へ移りました。そして、就職のときを迎えるにあたって、人生設計として「将来、故郷の淡路島へ帰って農業をするために50歳くらいでリタイアしよう」と決めました。

幸い、淡路島には先祖代々の農地、畑、山林がありますし、よい作物を収穫できるまでには、5年から10年は必要だと考えたのです。就職も、自由に行動できるようにサラリーマンではなく商売人の道を選び、リタイアするまでの間は機会があるたびに故郷に帰って、そのための準備をしていました。

10年を越えると田畑は妙なる営みに

農業を始めるにあたって、「子供の頃に食べた本当においしいものが食べたい。安全・安心なものは、どうすればつくれるのか」と考え、例えば福岡正信さんの『わら一本の革命』(春秋社)など、有機農業、不耕起栽培、低農薬栽培などに関するたくさんの書物を読みました。そんなとき、川口由一さんとの出会いがあり、勉強会に3年ほど参加させていただいたことで、自然農でやると決心しました。

まずは米、小麦、野菜、果物を家庭に必要な量だけつくることを考えて始めました。自然農の基本である不耕起、無農薬、無肥料、除草剤を用いないことを守ったところ、米、小麦、野菜はすぐに結果が出て大変な喜びを感じました。山には農薬を使わず肥料もやらないのに、樹と草の下の土はふかふかです。虫や微生物も一緒になって土をつくっているのだということが実感できました。

3年もすれば田畑の自然の営みが目で見えるようになり、10年を越えた頃には実に妙なる営みとなりました。自然農を始めてから２０１２年で15年になりますが、今では土もよくなり、作業がとても楽になっています。私が手を貸すのは種子や苗木を地に降ろしてやること、幼き時期に他の草々に負けないように草々の成長を抑え遅らせてやること、育つに適した環境であるように心配りしてやること、そして収穫、貯蔵、次の年の種子の保存だけです。

樹齢 120 年の渋柿。実を 800 個もつける

カキはカロチン、ビタミンCなどを多く含む

ダイダイは一部をＪＡ（農協）などに出荷

果樹づくりも最低限の手助けだけで

果樹については、もともと温州ミカン、ナツミカン、カキ、ビワ、モモなどを自家用として栽培しており、有機肥料を使用して農薬散布も少しだけ行っていました。当初は私もそれを手伝っていましたが、薬害があるのではないかと感じ、農薬散布は止めました。農薬散布を行っているときも少し病気の発生、虫の害があり、中止して数年経過してからは特にひどくなり、何本かは枯れてしまいましたが、そのままの状態を続けることで残った木は徐々に元気を取り戻してくれています。

そして私が新たに植えた果樹は、最初から自然農の方法で栽培しています。果樹は実をつけるまで年数がかかるので、最初は一つの畑に数種類の木を植えました。実は私はお酒が好きで世界中のお酒を飲みましたが、中でも仕事の旅先で飲んだ赤ワインの味が忘れられず、「赤ワインをつくろう」と思っていたので、私の土地での栽培に適したヤマブドウ系の「ヤマソービニヨン」も植えています。

苗木は、淡路島の中で多種類の苗木を育てて販売しているところから購入しています。この土地に合った苗木を研究しながら育てておられるので、安心して手に入れることができます。

苗木は基本的に日当たり、水はけ、通気性のよい場所を選び、50~60cm切り戻したものを植えています。植え穴はやや深く掘り、下から順に土をかけ、軽く押さえながら植えつけます。接いだ部分まで盛り土をして水が流れ出さないようにし、水をやった後には刈り草を敷き、支柱を立てます。

委託醸造の自家原料オリジナル赤ワイン

剪定は風通しと日光が内側まで入ることを基本に行います。特に摘果はしないで、生理落下に任せているだけです。自然農の観点から自然のままにしています。

虫や病気の発生で最初は苦労しましたが、主人公は人間ではなく、自然であり、植物であり、生物などであるとの教えどおり、少し手伝いをすることだけにとどめています。農薬散布ももちろん行わず、毛虫がたくさん発生した年には箸で、また、ブドウにつくコガネムシやカメムシは手で取り除いています。樹を枯らしてしまうブドウトラカミキリやブドウスカシバは被害部を取り除き、ゴマダラカミキリは、5月頃から見回って発見したら捕殺し、幹から木くずが出ていたら穴に針金を入れて幼虫を殺しています。

また大きな被害ではありませんが、鳥獣害としてイノシシやタヌキ、またカラス、ヒヨドリなどの鳥にも少し食べられてしまいます。そこで、温州ミカンやイチジクなどは建築用のワイヤーメッシュで囲み、またグミやヤマモモなどは、網をかぶせるなど

ユズの大玉果（木頭系）

イノシシがミミズを捜して掘った跡

干し柿の白粉は、果肉表面の糖分が晶出したもの

ナシの樹下にワイヤーメッシュを敷く

して侵入を防いでいます。

その結果、5年ほどで実を結ぶものが出始め、今では必要な量は十分収穫できるまでになっています。

果物が秘めているおいしさを実感

季節ごとにいろいろな果物を収穫し、完熟した実をいただくと、果物がもともと秘めていた複雑で奥行きのある味が口の中に広がり、本当のおいしさが実感できます。そのときには、それぞれの果樹に感謝せずにはいられません。

たくさん収穫できたときには、残りをジャム、マーマレード、ピール、果実酒、お茶、干し柿などに加工し保存しています。果実酒は古くなるほど熟成され、なんともいえない素晴らしい香りと、まろやかな味が醸し出され、幸せを感じます。

美しい花が咲き、チョウが舞い、ハチやトンボなどが飛び交い、鳥たちが歌っている楽園を満喫しています。これがあらゆる生命を大切にした生活なのだと思います。ただただ感謝のみです。

自然農はシンプルで美しく、静かな農

三重県伊賀市　柴田 幸子

８月の農園のスケッチ

８月、クリの実が小さないたずらっ子のように、まだ青いイガを日に輝かせています。ナツメもイチジクも、青い実をたくさんつけています。スモモは、今年（２０１２年）は実らなかったけれど、樹はずいぶん大きくなりました。

モモは落果が多く数個を口にしましたが、味は極上でした。ウメはジュースや梅干しにして、今はビンの中で眠っています。

田んぼでは早生種の黒米が、早くも穂を出しはじめました。青々とした田を渡る風はさわやかです。畑ではスイカやウリが、草の中でゴロンと大らかに実っています。

自然の恵みには何とも言えない喜びと安心をいただき、自ずから感謝の思いが湧き上がってきます。

熟したイチジクを収穫する柴田幸子さん

収穫期のスイカ

クリの実が肥大

畑に横たわるウリ

イチジクの青い実

伊賀の里の農的暮らし

大阪から、ここ伊賀に移り住んで農的暮らしを始めて、10年が経ちました。私は専業主婦から農婦になり、自給のためのお米と野菜と果樹を栽培しています。

家族は夫と私の母の３人です。農作業は私を主に、農業経験のない夫も草刈りや収穫など、いろいろな作業を一緒にしています。お米の種おろしや田植え、稲刈りなどの初日は、新しいカマを下ろして二人で一緒にスタートします。農の営みには節目節目に、自然にそうさせるものがあり、作業の無事と安心を得て気持ちのよいものです。

家の周りにある田畑は全部で３反。1反をお米、1反を野菜と果樹、1反を休ませてお米を1年交替で栽培しています。今のところ、お米は１００％自給、野菜と果樹はまだ途上です。

私が暮らしているあたりは水田に適した、水保ちのよい土地で、もともと畑はなく、水田だったところに溝を掘り畝を立てて畑にしています。湿害が多いため、畝を高くしたり水はけをよくしたりの工夫が必要で、３～４年はうまく育たなかったのですが、年々草の種類も変化してきて、夏の果菜類もできるようになっています。

花と実を楽しむ果樹は、農的暮らしに豊かな彩りをもたらしてくれます。下草を年に３～４回刈るだけで、他に何もしなくても育ってくれますから、まさに自然からの贈りものです。

村の90歳になるおばあさんは、私の自然農を見て「私が60なら、この方法でやる。けなるいわ（羨ましい）」と、嬉しいことを言ってくれます。自然農は、女性でも無理なくでき、作業にはクワとカマとスコップの三つの道具があればそれでよく、シンプルで美しい静かな農です。そして自然とともにある農的暮らしは、私が人として生きる上でかけがえのないものになっています。

実をつけたスモモの樹姿

もぎたてのモモの果実

いのちと自立への気づき

自然農に出会うまで、私は住んでいた大阪市内で、地域のお母さんたちと有機農業運動に取り組んでいました。

それまで食や農に特に関心が高かったわけではないのですが、私が子育てをしていた70年代、80年代は大量生産大量消費の高度経済成長時代で、ものが豊かである一方で、困った問題が多方面で起きていました。合成洗剤や食品添加物、農薬や化学肥料の害が子どもたちに与える影響を、見過ごすことはできませんでした。

安全な食べものを、正しい農業を、そして私が変われば世界が変わると、学習会や援農、集会やイベ

穂の出そろった田んぼ。左から旭、緑米、赤米（中央、うるち）、赤米（もち）、黒米

ント、料理の講習など、平凡な専業主婦にとって刺激的で有意義な、それなりに楽しい日々を送っていました。

やがてそこから見えてきたものは、「農をはじめとする様々な問題は一人ひとりの足元から始まっており、問題は外にあるのではなく一人ひとりの中にある」ということでした。

私が変われば……、本当に根底から私が変わるには、ものやお金ではない、真にいのちに価値を置いた一人ひとりの自立が必要で、それがなせるか否かが問われたのです。

いのちの存在に気づき、自立に目覚めた私にとって、いのちとは何か、自然とは何か、私とは何かを、私の中でハッキリさせることが必要でしたが、運動の中にはそのための道はついていませんでした。

有機農業では、土の表面を耕してしまいます。そこにある草々、虫たち、様々な微生物、土も水も大気も一体となったいのちたちが、いのちの営みをする舞台を、耕すことで断ち切ってしまうのです。そして新たに堆肥を入れ、いのちの舞台の環境を大きく変えて作物を栽培します。いのちに価値を置いた……、といっても、いのちの何であるかを知る術はありませんでした。

いのちを学ぶため、赤目自然農塾に

耕さず、肥料、農薬を用いず、草々、虫たちを敵としない、自然の営みに沿った農——自然農との出会いは、ある日、偶然にやってきました。私は大きく救われた思いで、自然農を一から学ぶために、川口由一さんが主催される合宿会や赤目自然農塾に通いだしました。

初めてのお米づくりは大成功、大豊作。田植えも夏の草刈りも土手の穴埋めも、少しも苦にならず楽しいばかりで、農繁期には往復4時間の道のりを三日に上げず通っていました。

山の棚田で一人コツコツと田畑に向かい、自然と一体となって本来の自分を取り戻していく時間は、それだけで満たされていきました。何もかもが新鮮で、生きる希望にあふれ、喜びのうちに学びの日々は流れていきました。

樹高を低めに仕立てたクリ

自然農の学びは、真の自立への学びです。いのちの学びです。人が生きる上で基本となる、最も大切なものを明らかとする学びです。

私はどのようなところで生かされているのか、どのような存在なのか、時空を越えて休みなくあり続け、営み続け、あらわし続けている、このいのちの世界はどのようになっているのか、お米と私は一体のいのち、同時に個々別々のいのち、お米はお米、私は私、生かされるいのちであると同時に生きるいのち、他力100％自力100％……。生きる意味を知り、悟り、定めを受け止め、この生の期間を幸せのうちに全うしていきたい……。自然の営みに沿い、従い、任せ、応じることで、自然農は人として生きる道を、恵みをいただく術を、真の自立を得ることができる農です。

赤目自然農塾では、田畑において、塾生として学ぶものにおいて、スタッフとしての役目において、日々の実践をとおして学んでいきます。

いのちを察知する知恵と能力を養い、自らを省みて問う中で豊かな人間性を育て、そして栽培に欠かせない方法と技術の習得を、指導される川口さんの大いなる親心の下で失敗を重ねながらも繰り返し繰り返し、誠実に素直に謙虚に納得するまで学び続けていきます。

この今に妙なる日々を

自然農に学んで24年の年月が流れました。小さな私の問題をなんとかしたいと、救いと自立を求めて歩き出し、ここまで来ました。遅々とした私の歩みの中、お米を育て野菜を育て果樹を育て自分を育て

藁や草などでマルチする

成熟したクリの堅果

タマネギやニンニクを軒下で乾燥

て、今私の場を与えられ、さらなる自分の人生に向けて、残された課題に向けて夢見る思いで歩いています。

何もかも、何もかもがいのちの世界のいのちの営みです。私たち人は、本来ここに立って添う他はなく、地球という楽園に生かされているいのちとして、誰もが平和に幸せに生きることができるようになっています。

収穫したばかりの夏野菜いろいろ

川口さんからいただく学びに、漢方医学があります。その手引きとなる２０００年前の中国古典医学書『傷寒論』の序文には、「今の世の人は、ただ、もっぱら、名誉や地位、その利益を得んとひたすら努め、末を飾り本をないがしろにして主客転倒している……」と嘆いています。

いつの世に変わらぬ小さな私の性が招いてしまう罪深さと、尊いかけがえのないものを失くしていく悲しみを思います。けれども、人はまた真実を、本来を、大いなる我を求めてやまぬ存在であることも事実です。

自然農は、私の想いを途切れさせることなく、歩く道を示し続けてくれました。遠い過去の人たちも求め続けてきた真であり、善であり、美である妙なる世界を、大いなる我となってこの今に実現できる道がここにあります。

◆執筆者一覧（五十音順）

延命寺 鋭雄（えんめいじ としお）
1945年、兵庫県生まれ。淡路島にて自然農実践（兵庫県淡路市）

延命寺 久美（えんめいじ ひさみ）
兵庫県生まれ。自然農による農産物を加工、保存

川口 由一（かわぐち よしかず）
1939年、奈良県生まれ。自然農実践（奈良県桜井市）。全国各地を実地指導

柴田 幸子（しばた ゆきこ）
福井県生まれ。里の田 伊賀（三重県伊賀市）。赤目自然農塾世話役

本田 幸雄（ほんだ ゆきお）
1968年、山梨県生まれ。本田葡萄園（山梨県甲府市）

美斉津 育夫（みさいづ いくお）
1951年、長野県生まれ。長野自然農学びの場・小諸（長野県小諸市）

三井 和夫（みつい かずお）
1951年、山梨県生まれ。八ヶ岳自然農の会・学びの会。結まーる自然農園（山梨県北杜市）

三井 郁子（みつい いくこ）
愛知県生まれ。自然農を実践し、果物などの農産物を加工、保存

勇惣 浩生（ゆそう ひろお）
1960年、和歌山県生まれ。梅の里 自然農園（和歌山県みなべ町）

勇惣 木美（ゆそう このみ）
和歌山県生まれ。自然農による農産物を加工、保存

＊所属・役職は2012年10月現在
敬称略。監修者・著者を含む

◆自然農学びの場 インフォメーション

＊福岡県では４か所が福岡自然農塾（鏡山悦子）を編成　２０１２年９月現在（一部改正）

学びの場　名称	郵便番号	住所など	代表など	電話番号など
妙なる畑の会・見学会 妙なる畑の会・全国実践者の集い	６３３-００８３	奈良県桜井市辻１２０　川口　由一　（問い合わせ）余語　０７４４-３２-４７０７ （代表）沖津一陽・高橋浩昭・大植久美　（問い合わせ）三輪　０９０-３５２６-３４０４		
自然農塾「ステラの森」	０６９-１３１７	北海道夕張郡長沼町東５線北17番地	渡辺　雅子	０９０-２０５２-４８２８
やえはた自然農園	０２８-３１４２	岩手県花巻市石鳥谷町八重畑９-20-５	藤根　正悦	０１９８-４６-９６０６
丸森かたくり農園	９８１-２４０１	宮城県伊具郡丸森町小斉一ノ迫56	北村　みどり	０２２４-７８-１９１６
農暮学校（つぶら農園）	９８１-２１０５	宮城県伊具郡丸森町舘矢間松掛字新宮田14	安部　信次	０２２４-７２-６３９９
自然農を学ぶ会つくば	３０５-００７１	茨城県つくば市稲岡４９５-32	中田　隆夫	０２９-８３６-３７７２
さいたま丸ヶ崎自然農の会	３３７-０００１	埼玉県さいたま市見沼区丸ヶ崎１８５６	山本　壮一	０４８-６８６-７４８４
千葉自然農の会	２９９-１１５１	千葉県君津市中野２-４-15	小野　俊行	０４３９-５７-２７６８
四街道自然農の会	２８４-０００６	千葉県四街道市下志津新田２５３７-24	木川　正美	０４３-４２１-４７２８
青梅「畑の学校」	１９０-００２３	東京都立川市柴崎町６-20-37	東京賢治の学校	０４２-５２３-７１１２
秦野丹沢自然農学びの会 「遊山房」	２２４-０００１	神奈川県横浜市都筑区中川１-18-13	二宮　倫行	０４５-９１３-２７２５
ＬＯＶＥ自然農新潟	９５０-２００２	新潟市西区青山１-17-18	渡辺　和男	０９０-７２００-２８２７
結まーる自然農園 八ヶ岳自然農の会・学びの会	４０８-００２２	山梨県北杜市長坂町塚川６１１	三井　和夫	０５５１-３２-４７０５
野風草	４０８-００３５	山梨県北杜市長坂町夏秋９２２-６ (http://www15.ocn.ne.jp/~nofuuzou/)	舘野　昌也	０５５１-３２-３４７３
わくわく田んぼ	４０８-０３１７	山梨県北杜市白州町下教来石４８９	おおえわかこ	０５５１-３５-４１３９
八ヶ岳自給生活学校	３９９-０１０１	長野県諏訪郡富士見町境７３０８	黒岩　成雄　牧子	０２６６-６４-２８９３
長野自然農学びの場　小諸	３８４-００５１	長野県小諸市八満５５５-１	美斉津　育夫	０２６７-２３-５５７３
長野自然農学びの場　四賀村	３９９-７４１７	長野県東筑摩郡四賀村刈谷原町６９２	松本　諦念	０２６３-６４-２７７６
あずみの自然農塾	３９９-８３０１	長野県安曇市穂高有明７９５８舎爐夢ヒュッテ	臼井　健二	０２６３-８３-３８３８
富山自然農を学ぶ会	９３９-２４３３	富山県富山市八尾町清水５２４	石黒　完二	０７６-４５８-１０３５（森）
八尾町大玉生学びの場	９３９-２４５５	富山県富山市八尾町大玉生６５１	森　公明	０７６-４５８-１０３５
魚津市天神山学びの場	９３７-０８０１	富山県魚津市新金屋町２-５-３	河内　聡雄	０９０-９８１０-８１４５
砺波市頼成学びの場	９３９-０２７４	富山県射水市小島５１３-５	田中　勝	０７６６-５２-５３２６
自然農を学ぶ一歩の会	５０１-０６１９	岐阜県揖斐郡揖斐町三輪８４８	木村　君子	０５８-５２２-３２２４
恵那自然農塾	５０９-７５０２	岐阜県恵那郡上矢作町１９８６-１	佐藤　敦巳	０５７３-４８-３７８２

農楽友の会 自然農学びの場	505-0003	岐阜県美濃加茂市山之上町3435-19	中山 千津子	0574-25-6909
清沢塾	420-0847	静岡市西千代田町2-12	竹内 康敞	054-248-4014
	422-8005	静岡市池田3875-110	中井 弘和	054-261-8309
静岡自然農の会	410-0232	静岡県沼津市西浦河内601	高橋 浩昭	055-942-3337
	436-0074	静岡県掛川市葛川630-7	田中 透	0537-21-6122
里の田 伊賀	518-0116	三重県伊賀市上神戸720	柴田 幸子	0595-37-0864
赤目自然農塾		三重県名張市と奈良県宇陀市 中村康博(https://akameshizennoujuku.jimdo.com) (問い合わせ) 柴田幸子0595-37-0864		
粟原自然農園	633-0245	奈良県宇陀市榛原笠間2163	中村 康博	0745-82-7532
明日香 風の畑	634-0043	奈良県橿原市五条野町657	三輪 淳子	090-3526-3404
生駒自然農園	630-0262	奈良県生駒市緑ヶ丘1454-39	大田 耕作	0743-25-7823
柏原自然農塾	582-0009	大阪府柏原市大正三丁目1-35	山本 利武	0729-72-0467
梅の里 自然農園	645-0022	和歌山県日高郡みなべ町晩稲1451	勇惣 浩生	0739-74-2324
もみじの里自然農学びの場	656-0006	兵庫県洲本市中川原町二ツ石95	大植 久美	0799-28-0883
一陽自然農園	771-1613	徳島県阿波市行峯207	沖津 一陽	0883-36-4830
愛媛自然農塾	791-8092	愛媛県松山市由良町919	山岡 亨	089-961-2123
自然農学びの会 岡山	701-0113	岡山県倉敷市栗坂108-3	八木 真由美	086-463-3676
大北農園	709-2551	岡山県加賀郡吉備中央町下土井160-8	大北 一哉	0867-35-1125
共生わくわく自然農園	712-8015	岡山県倉敷市連島町矢柄5877-11	難波 健志	086-444-5404
美作自然農を楽しむ会	709-3712	岡山県久米郡美咲町金堀562 賢治の楽交	前原 ひろみ	0868-66-2133
自然農園@たつみや	715-0018	岡山県井原市上稲木町185 たつみや方	長谷川 淳	0866-62-1851
東広島自然農塾	739-0002	広島県東広島市西条町吉行1544	池崎 友恵	082-420-0080
大庭自然農の会	690-0015	島根県松江市上乃木4-21-12	周藤 久美枝	0852-21-0243
自然農ほのぼの農園 松国自然農塾	819-1617	福岡県糸島市二丈松国717	松尾 重明	092-325-1506
一貴山自然農塾	819-1622	福岡県糸島市二丈一貴山560-130	鏡山 英二	092-325-0745
花畑自然農塾	810-0033	福岡市中央区小笹2-8-47	村山 直通	092-526-8157
木下農園	819-1124	福岡県糸島市加布里839	木下 まり	092-323-6606
結熊(ゆうゆう)自然農園 暮らしの学び場 アルモンデ	861-0404	熊本県山鹿市菊鹿町上永野1744-1	こみどり わこ	0968-41-6264
自然農園 こころ	880-1101	宮崎県東諸県郡国富町本庄4512	岩切 義明	0985-75-1015
綾自然農塾	880-1302	宮崎県東諸県郡綾町北俣2365-1	北城 直樹	0985-77-2008 090-8983-9131

川口由一さんを中央にして左から延命寺久美、延命寺鋭雄、勇惣浩生、柴田幸子のみなさん（兵庫県淡路市の延命寺さんの果樹園にて。2012年10月）

あとがき

この原稿を書かせていただいた頃、まだ青かったクリは、これまでで一番の実りをもたらしてくれました。キンカンもたくさんの青い実をつけています。

今、我が家ではいろいろな果樹が年によって実ったり実らなかったりですが、いつも何かが実ってくれています。自然農でお米や野菜が育ち、果樹も実ってくれることを、今回私たち執筆者がそれぞれの実践をとおして多くの人にお伝えし、いのち十全な安全で美味な実りを手にする喜びを共有できることは何にもましてうれしいことです。

ここ20年ばかり自然農に関心を寄せ、実践する人が増えてきました。自然農の学びの場も各地に五十数カ所になっています。その一つ川口由一さんが主宰される赤目自然農塾は発足22年になります。4町ばかりの山の棚田に毎年３００人を超える人々が足を運び、お米や野菜や果樹など自然農の方法、技術を実践しながら学び、また、言葉をとおしていのちの世界といのちの理《ことわり》を学んでいます。塾の運営は自立自営で他に依存することなく、塾全体を指導される川口さんが「学びの場が本来から外れず、真に深い確かな学び」が一人一人の中で成し遂げられるよう、やがては自立して確かな人生を歩むことができるよう、人が育つことの本質を明らかにし、人本来のいのちの営みに沿って答えを出し、塾全体を整えてこられました。

本来のあり方を形にあらわされた塾の姿は、また大きな学びをもたらしています。塾の中は常に新鮮で、温かな人のぬくもりと、一人一人が成長していく喜びを

赤目自然農塾（奈良県室生村と三重県名張市）で指導する川口由一さん。参加者は自然農の技術と理を学ぶ（2012年）

胸に、真摯な学びの心が流れています。また、年に一回各地で自然農を実践している人々が集まる「妙なる畑の会・全国実践者の会」があります。21回目の今年は徳島で開かれました。本書の執筆を共にさせていただきました三井和夫さん、勇惣浩生さん、延命寺鋭雄さんはこの会で学び合ってきた自然農の仲間であり、それぞれ十数年から20年以上の自然農実践者です。

この書がみなさまのお手元に運ばれ、自然農による果樹栽培をするうえでお役に立つことができましたなら、さらに次への糧となりましたなら、これ以上の喜びはありません。

最後になりましたが本書の監修をしていただき、いつもそのお姿から人としてのあり方を教えていただき、深いお言葉からの示唆をいただいています川口由一さんに心より深く感謝申し上げます。

また、本書の企画、構成から編集に至るまで深い思いで手がけてくださいました創森社の相場博也さん、編集関係のみなさま、写真を撮影、提供したり取材に協力したりしてくださったみなさま、結まーる自然農園、梅の里自然農園、赤目自然農塾のみなさま、そして全国の自然農実践者、関係者のみなさまに厚く御礼申し上げます。多くのみなさまのおかげで本書を刊行することができました。ありがとうございました。

２０１２年　柿が色づく頃に

柴田　幸子

◆主な参考文献集覧

『妙なる畑に立ちて』川口由一著（野草社）
『自然農の野菜づくり』川口由一監修、高橋浩昭著（創森社）
『自然農への道』川口由一編（創森社）
『自然農・栽培の手引き』川口由一監修、鏡山悦子著（南方新社）
『くだもの百科』斎藤義政著（婦人画報社）
『図集 果樹栽培の基礎知識』能代克巳、鈴木鐵男著（農文協）
『果樹栽培の基礎』杉浦明著（農文協）
『ブルーベリー～栽培から加工まで～』日本ブルーベリー協会編（創森社）
『失敗しない果樹の育て方　庭植え　鉢植え』小林幹夫、尾崎章著（西東社）
『自然栽培ひとすじに』木村秋則著（創森社）
『果樹を楽しむ』小林祐造著（信濃毎日新聞社）
『NHK 趣味の園芸 育てて味わう！ まるごとベリー』国武久登監修（日本放送出版協会）
『森（もり）に学ぶ』徳村彰著（雲母書房）
『自然農法 わら一本の革命』福岡正信著（春秋社）
『食材図典』（小学館）
『産地発 梅クッキング』梅料理研究会編（創森社）
『手づくりジャム・ジュース・デザート』井上節子著（創森社）
『家庭で楽しむ果樹づくり』大坪孝之著（家の光協会）
『はじめての果樹づくり』（主婦の友社）
『農家が教える果樹 62 種～育て方楽しみ方～』（農文協）
『わかりやすい果樹の育て方事典』河合義隆監修（成美堂出版）
『はじめての果樹ガーデニング』小林幹夫監修（長岡書店）
『育てて楽しむ ユズ・柑橘～栽培・利用加工～』音井格著（創森社）
『育てて楽しむ ブルーベリー 12 か月』玉田孝人、福田俊著（創森社）
『ウメの作業便利帳』谷口充著（農文協）
『花木・庭木・家庭果樹の病気と害虫』藤原二男著（新光社）
『高糖度・連産のミカンつくり』川田建次著（農文協）
『新特産シリーズ　キンカン』河瀬憲次著（農文協）
『安心 安全 本物の味　手作り食品大全科』（グラフ社）
『新特産シリーズ　クリ』竹田功著（農文協）
『人気の家庭果樹』（主婦の友社）
『プロが教えるおいしい果樹の育て方』小林幹夫監修（西東社）
『有機農業ハンドブック』日本有機農業研究会編（日本有機農業研究会）
『ブルーベリーの観察と育て方』玉田孝人、福田俊著（創森社）

◆果樹名さくいん（五十音順）

あ行

か行

さ行

た行

な行

は行

ま行

や行

ら行

・自然農MEMO・

監修者の川口由一さんが就農後、農薬や化学肥料を使った農業を続けることで心身を損ね、いのちの営みにまかせ、自然の理にかなった農業を模索し、1970年代後半に自然農にたどりつく。以来、40年近くにわたり、不耕起・無肥料・無農薬で米麦と野菜、果樹などの栽培をおこない、妙なる畑の会・全国実践者の会、および各地の自然農の学びの場での実地指導にもあたる。「耕さず、肥料、農薬を用いず、草や虫を敵としない」という教えや「耕さず、持ち込まず、持ち出さない」という3大原則は、すべてのいのちの営みを大切にし、環境に負担をかけずに実りに結びつける自然農をあらわす言葉として知られている。

酸味の強いリンゴはジャムにも利用可能

デザイン――寺田有恒　ビレッジ・ハウス

イラストレーション――宍田利孝

撮影――三宅 岳　大東照男

写真協力――三戸森弘康　熊谷 正　福田 俊　中野信吾
大植久美　樫山信也　蜂谷秀人　柴田弘義
山梨県笛吹川フルーツ公園　無茶茶園
本坊酒造長野信州マルス蒸留所　伊豆急鉄道
大関ナーセリー　谷中滋養農園

取材協力――高橋浩昭　高橋 恵　井上節子　音井 格
梅料理研究会　草園舎

執筆協力――村田 央

校正――吉田 仁

監修者プロフィール

●川口由一（かわぐち よしかず）

1939年、奈良県生まれ。農薬・化学肥料を使った農業で心身を損ね、いのちの営みに沿った農を模索し、1970年代半ばから自然農に取り組む。自然農と漢方医学をともに学ぶ場（妙なる畑の会、赤目自然農塾、漢方学習会）をつくり、福岡自然農塾などをはじめとする全国各地の学びの場に自然農の考え方、取り組み方を伝えている。愛媛大学農学部大学院非常勤講師などを務める。

著書に『妙なる畑に立ちて』（野草社）、『自然農─川口由一の世界』（共著、晩成書房）、『自然農への道』（編著、創森社）、『自然農～いのちの営み、田畑の営み～』（監修、南方新社）、『自然農の野菜づくり』（監修、創森社）、『自然農にいのち宿りて』（創森社）ほか

著者プロフィール

●三井和夫（みつい かずお）

1951年、山梨県生まれ。八ヶ岳自然農の会・学びの会、結まーる自然農園（山梨県北杜市）

●勇惣浩生（ゆそう ひろお）

1960年、和歌山県生まれ。梅の里 自然農園（和歌山県みなべ町）

●延命寺鋭雄（えんめいじ としお）

1945年、兵庫県生まれ。淡路島にて自然農実践（兵庫県淡路市）

●柴田幸子（しばた ゆきこ）

福井県生まれ。里の田 伊賀（三重県伊賀市）。赤目自然農塾世話役

自然農《しぜんのう》の果物《くだもの》づくり

2012年11月19日　第１刷発行
2024年10月11日　第４刷発行

監 修 者──川口由一《かわぐちよしかず》

著　　者──三井和夫《みついかずお》　勇惣浩生《ゆそうひろお》　延命寺鋭雄《えんめいじとしお》　柴田幸子《しばたゆきこ》

発 行 者──相場博也

発 行 所──株式会社 創森社

〒162-0805 東京都新宿区矢来町96-4

TEL 03-5228-2270　FAX 03-5228-2410

https://www.soshinsha-pub.com

振替00160-7-770406

組　　版──有限会社 天龍社

印刷製本──中央精版印刷株式会社

2012 Printed in Japan ISBN978-4-88340-275-5 C0061

〝食・農・環境・社会一般〟の本

創森社　〒162-0805 東京都新宿区矢来町96-4
TEL 03-5228-2270　FAX 03-5228-2410
https://www.soshinsha-pub.com
＊表示の本体価格に消費税が加わります

未来を耕す農的社会
蔦谷栄一 著　Ａ５判２８０頁１８００円

育てて楽しむ サクランボ　栽培・利用加工
富田 晃 著　Ａ５判１００頁１４００円

炭やき教本～簡単窯から本格窯まで～
恩方一村逸品研究所 編　Ａ５判１７６頁２０００円

エコロジー炭暮らし術
炭文化研究所 編　Ａ５判１４４頁１６００円

図解 巣箱のつくり方かけ方
飯田知彦 著　Ａ５判１１２頁１４００円

分かち合う農業ＣＳＡ
波夛野 豪・唐崎卓也 編著　Ａ５判２８０頁　２２００円

虫への祈り―虫塚・社寺巡礼
柏田雄三 著　四六判３０８頁２０００円

新しい小農～その歩み・営み・強み～
小農学会 編著　Ａ５判１８８頁２０００円

無塩の養生食
境野米子 著　Ａ５判１２０頁１３００円

図解 よくわかるナシ栽培
川瀬信三 著　Ａ５判１８４頁２０００円

鉢で育てるブルーベリー
玉田孝人 著　Ａ５判１１４頁１３００円

日本ワインの夜明け～葡萄酒造りを拓く～
仲田道弘 著　Ａ５判２３２頁２２００円

自然農を生きる
沖津一陽 著　Ａ５判２４８頁２０００円

シャインマスカットの栽培技術
山田昌彦 編　Ａ５判２２６頁２５００円

農の同時代史
岸 康彦 著　四六判２５６頁２０００円

ブドウ樹の生理と剪定方法
シカバック 著　Ｂ５判１１２頁２６００円

食料・農業の深層と針路
鈴木宣弘 著　Ａ５判１８４頁１８００円

医・食・農は微生物が支える
幕内秀夫・姫野祐子 著　Ａ５判１６４頁１６００円

農の明日へ
山下惣一 著　四六判２６６頁１６００円

ブドウの鉢植え栽培
大森直樹 編　Ａ５判１００頁１４００円

食と農のつれづれ草
岸 康彦 著　四六判２８４頁１８００円

半農半Ｘ～これまで・これから～
塩見直紀 ほか 編　Ａ５判２８８頁２２００円

醸造用ブドウ栽培の手引き
日本ブドウ・ワイン学会 監修　Ａ５判２０６頁２４００円

摘んで野草料理
金田初代 著　Ａ５判１３２頁１３００円

図解 よくわかるモモ栽培
富田 晃 著　Ａ５判１６０頁２０００円

自然栽培の手引き
のと里山農業塾 監修　Ａ５判２６２頁２２００円

亜硫酸を使わないすばらしいワイン造り
アルノ・イメレ 著　Ｂ５判２３４頁３８００円

ユニバーサル農業～京丸園の農業／福祉／経営～
鈴木厚志 著　Ａ５判１６０頁２０００円

不耕起でよみがえる
岩澤信夫 著　Ａ５判２７６頁２５００円

ブルーベリー栽培の手引き
福田 俊 著　Ａ５判１４８頁２０００円

有機農業～これまで・これから～
小口広太 著　Ａ５判２１０頁２０００円

農的循環社会への道
篠原 孝 著　四六判３２８頁２２００円

持続する日本型農業
篠原 孝 著　四六判２９２頁２０００円

生産消費者が農をひらく
蔦谷栄一 著　Ａ５判２４２頁２０００円

有機農業ひとすじに
金子美登・金子友子 著　Ａ５判３６０頁２４００円

至福の焚き火料理
大森 博 著　Ａ５判１４４頁１５００円

図解 よくわかるカキ栽培
薬師寺 博 監修　Ａ５判１６８頁２２００円

あっぱれ炭火料理
炭文化研究所 編　Ａ５判１４４頁１５００円